Michael Tretter

Produktinformations-Management-Systeme

State of the Art-Analyse

Michael Tretter

Produktinformations-Management-Systeme

State of the Art-Analyse

Diplom.de

Bibliografische Information der Deutschen Nationalbibliothek:

Bibliografische Information der Deutschen Nationalbibliothek: Die Deutsche Bibliothek verzeichnet diese Publikation in der Deutschen Nationalbibliografie; detaillierte bibliografische Daten sind im Internet über http://dnb.d-nb.de/ abrufbar.

Copyright © 2013 Diplomica Verlag GmbH
Druck und Bindung: Books on Demand GmbH, Norderstedt Germany
ISBN: 978-3-95636-825-7

http://www.diplom.de/e-book/299489/produktinformations-management-systeme

Inhaltsverzeichnis

Kurzzusammenfassung

Diese Bachelorarbeit hat das Ziel, eine State of the Art-Analyse von Produktinformations-Systemen zu erstellen. Es wird definiert, worum es sich bei einem PIM-System handelt und welche Vorteile es einem Unternehmen ermöglichen kann. Durch eine eigens erstellte Online-Befragung wird das Eintreten dieser Vorteile in der Praxis überprüft.

Abbildungsverzeichnis

Tabellenverzeichnis

Abkürzungsverzeichnis

BVH	Bundesverband für den Versandhandel
CMP	Cross-Media-Publishing
CMS	Content-Management-System
CRM	Customer-Relationship-Management
DMS	Document-Management-System
ECM	Enterprise-Content-Management
EDM	Engineering-Data-Management
ERP	Enterprise-Resource-Planning
IT	Informations-Technologie
MAM	Media-Asset-Management
MDM	Master-Data-Management
PCM	Product-Content-Management
PDM	Product-Data-Management
PIM	Produktinformations-Management
PIMS	Produktinformations-Management-System
PLM	Product-Lifecycle-Management
PRM	Partner-Relationship-Management
PRM	Product-Resource-Management
ROI	Return on Investment
SAP	System-Analyse und Programmentwicklung (Softwarekonzern)
WCMS	Web-Content-Management-System
WWS	Warenwirtschaftssystem

1 Motivation

Um die Motivation dieser Arbeit adäquat und verständlich darlegen zu können, bedarf es einer kleinen Einführung über Produktinformations-Management-Systeme (PIMS). In Kapitel 4 wird noch detaillierter erläutert werden, was ein PIMS ist. Diese kleine Einführung soll es allerdings erleichtern, die Fragestellungen der Bachelorarbeit (siehe Kapitel 2) besser nachvollziehen zu können.

„Ein Unternehmen mit 14 Marken und 800.000 Produkten verfügte im Jahr 2011 über rund 2,5 Millionen Medienobjekte." Dieses Zitat von Kräftner, CEO und Gründer der celum GmbH[1], verdeutlicht die Größe der Datenmenge an Produktinformationen, die Unternehmen in der heutigen Zeit zu verarbeiten haben (Wollner 2012, S. 60).

Nicht allein die größer werdende Datenmenge stellt eine Aufgabe für die Unternehmen dar, sondern auch die immer kürzer werdenden Zeitabstände zum Verarbeiten dieser Daten. Einkauf, Vertrieb und Marketing liefern laufend neue Produktinformationen so dass die Datenflut stetig steigt. Zudem sind diese Produktinformationen häufig nicht einheitlich. Im Gegenteil, durch die Globalisierung müssen auch noch mehrere Sprachvarianten aufbereitet werden. Hinzu kommen in der Regel CRM- und Warenwirtschaftssysteme, welche weitere kunden- und produktbezogene Daten zur Verfügung stellen, die ebenfalls in die Kommunikationsprozesse eingebunden werden müssen (Joachim 2012, S.80).

Dabei ist nicht in erster Linie die Datenflut an sich das Problem, sondern die damit verbundene organisatorische Komplexität. Kürzere Produktlebenszyklen und starker Wettbewerbsdruck erfordern in der heutigen Wirtschaft eine kürzere „Time-to-Market" um möglichst wenig gebundenes Kapital im Umlauf zu haben. Dies erfordert ein flexibles Reagieren (Joachim 2012, S. 80).

Nach Kräftner muss die Time-to-Market „so kurz wie möglich bleiben". Es gilt „die Menge der Inhalte unter Kontrolle zu bringen", ein „bloßes Ordnen und Verwalten alleine ist jedoch nur ein erster Schritt". Die Integration von PIMS ist u.a. „notwendig um spürbare Effekte zu erzielen" (Wollner 2012, S. 61).

---

[1] Die celum GmbH wird vom prokom report (4. Quartal 2012) als führender, unabhängiger Hersteller von Digital Asset Management Software bezeichnet.

Moderne Geschäftsmodelle zeichnen sich dadurch aus, dass die Leistungserstellung im Netzwerk erfolgt, dass der Anteil des Servicegeschäfts im Vergleich zu physischen Produkten steigt und dass globale Märkte bedient werden (Kagermann und Österle 2006).

Für den Erfolg dieses Geschäftsmodells müssen nach Osl und Otto (2007, S. 35) sämtliche Informationen „schnell verfügbar, vollständig, konsistent und fehlerfrei" sein, dies gilt insbesondere für Produktinformationen.

Die Implementierung eines Produktinformations-Management-Systems wäre laut M. Kräftner also eine Möglichkeit um die vielen genannten Herausforderungen erfolgreich bewältigen zu können.

Erschiene einem angestellten Managers ein PIMS generell als geeignetes Instrument zur Verwaltung seiner Produktinformationen, würde er die Recherche über Produktinformations-Management-Systeme beginnen. Zunächst würde er vermutlich nach wissenschaftlichen und neutralen Studien zu diesem Thema suchen, welche PIMS genauer analysiert haben. So könnte es beispielsweise sein, dass die seitens der Anbieter versprochenen wirtschaftlichen Vorteile durch Studien bereits bestätigt wurden.

Eine Internetrecherche am 23.01.2013 mit Google Scholar[2] ergab jedoch zum Thema „Product Information Management" gerade einmal 1.490 Treffer. Wird die Suche durch jeweiliges Hinzufügen von Stichwörtern wie „Vorteile" (34 Treffer), „wirtschaftlich" (31 Treffer) oder „ROI" (112 Treffer) verfeinert, erhält man nur noch sehr wenige Treffer. Nach Sichtung der Trefferergebnisse beschäftigt sich jedoch keine der betrachteten wissenschaftlichen Studien mit den wirtschaftlichen Vorteilen eines PIMS.

Um aufzuzeigen, dass dies nicht der Normalität in der IT Branche entspricht, war es in diesem Fall ratsam, diese Recherche erneut durchzuführen. Diesmal wurde bei Google Scholars nach den Stichwörtern „Enterprise Resource Planning" gesucht, wofür es 72.400 Treffer gab. Auch hier wurden zur Komplettierung des Vergleichs dieselben Stichworte herangezogen. Aus dem Hinzufügen der Stichwörter „Vorteil" (2.640 Treffer), „wirtschaftlich" (2.850 Treffer) und „ROI" (14.200 Treffer) resultierte eine deutlich höhere Trefferquote.

---

[2] Definition Google Scholar: „Google Scholar ist eine Suchmaschine des Unternehmens Google Inc. und dient der allgemeinen Literaturrecherche wissenschaftlicher Dokumente. Dazu zählen sowohl kostenlose Dokumente aus dem freien Internet als auch kostenpflichtige Angebote." (Quelle: Wikipedia 2013b)

Das Ergebnis dieser Recherche wird durch Osl und Otto (2007, S. 36) untermauert: „Viele Unternehmen stehen weiterhin vor dem Problem, dass der betriebswirtschaftliche Nutzen von PIM nicht transparent ist". Dies ist insbesondere dann verwunderlich, wenn PIMS von solch wirtschaftlicher Bedeutung für ein Unternehmen sein sollte.

Es existieren zwar erste Ansätze zur Bewertung der wesentlichen Vorteile (Lucas-Nülle 2005), diese sind allerdings häufig „nicht auf die spezifische Situation des einzelnen Unternehmens übertragbar und umfassen andererseits lediglich einzelne Ausschnitte der gesamten Managementaufgabe des PIM."

Andere Quellen bieten „lediglich qualitative Aussagen" zum ROI einer PIM-Einführung (Thomson 2006) oder sind „infolge mangelnder Transparenz über die Entstehung der quantitativen Angaben nicht auf das eigene Unternehmen übertragbar" (Osl und Otto 2007, S.36).

Die Globalisierung der Wirtschaft sowie moderner Kommunikationstechnologien wie das Internet, stellen für Unternehmen zusätzliche Herausforderungen dar. Es sollte theoretisch nur von Vorteil sein, neue Medienkanäle wie auch neue Märkte in fremden Ländern zu bedienen, um das wirtschaftliche Wachstum des Unternehmens zu stabilisieren.

Die folgenden Punkte verdeutlichen die aktuelle Situation der E-Commerce Branche:

- „Der deutsche Versandhandel durchbrach 2010 erstmalig die 30-Milliarden-Euro-Grenze. Der Bundesverband Versandhandel (BVH) errechnet für die Branche einen Gesamtumsatz von 30,3 Mrd. EUR. Das Internet beflügelt das Wachstum in alle Richtungen. Katalogversender verkaufen zusätzlich online, Internethändler eröffnen Geschäfte in Einkaufsstraßen und bisher rein stationäre Händler schaffen ihre eigenen Shops im Netz." (Axel Springer Media Impact 2011, S. 2)
- Der Anteil des E-Commerce liegt laut Zahlen des BVH (Hütel 2012, S. 3) mit 18,3 Milliarden Euro bei 60% des Gesamtumsatzes und ist damit ein sehr wichtiger Umsatzfaktor für die Unternehmen.
- Der Kunde ist nach Hütel (2012) ein sog. Channel-Hopper, das heißt dieser möchte jederzeit die Möglichkeit haben, auf allen möglichen Vertriebskanälen einzukaufen.

Aktuelle Zahlen des EHI Retail Institute verdeutlichen die Situation rund um die neu entstehenden Medienkanäle und zeigen Social Media als feste Größe im E-Commerce: „78

Prozent der Online-Shops in Deutschland verfügten 2011 über eine Facebook-Seite."
(Kahyaoglu und Lucas-Nülle 2012, S. 14)

Nun stellt sich die Frage, wie man E-Commerce effektiv betreiben und gleichzeitig neue Umsatzkanäle erarbeiten kann. Betrachtet man den Axel Springer Media Impact (2011, S. 4), so werden die „Multi-Channel-Versender dominieren". Multi-Channel-Vertrieb bedeutet, dass Unternehmen ihre Produkte oder Dienstleistungen über verschiedene Vertriebs- und Medienkanäle anbieten, wie über Internet, Kataloge und Ladengeschäfte.

Unternehmen könnten also durch neue Vertriebswege neue Wachstumsmöglichkeiten erschließen. Gleichzeitig bleibt jedoch die Frage offen, wie diese strategische Option und Neuausrichtung der Vertriebswege wirtschaftlich umsetzbar ist, wenn laut Schlotböller, Konjunkturexperte des Deutschen Industrie- und Handelskammertages (DIHK), Unternehmen permanent mit Kostendruck zu kämpfen haben. (ConMoto Consulting Group 2013).

Die PIM Industrie verspricht hierfür eine Lösung parat zu haben: „PIM ermöglicht es, alle Datenquellen, die Produktinformationen enthalten, in einer zentralen Datenbank zusammenzuführen, sie dort zentral zu pflegen, zu verwalten und für crossmediale[3] Aktivitäten zu nutzen." (Joachim 2012, S. 80)

Nach Aussagen verschiedener Anbieter von Produktinformations-Management-Systemen (siehe Punkt 4.1), lässt sich damit schon heute der Workflow effektiver, effizienter und flexibler gestalten. Zudem gebe es Möglichkeiten zur Kosteneinsparung und weitere wirtschaftliche Vorteile, versprechen die Anbieter von Produktinformations-Management-Systemen (Siehe Kapitel 4). Werden diese Vorteile aber tatsächlich erreicht?

Die Motivation dieser Arbeit liegt somit in der Schließung dieses Forschungsdesiderates. Methodisch wird dieses Ziel darin, die Wissenslücke mit einer wissenschaftlichen Arbeit zu füllen. Mit Hilfe einer State of the Art-Analyse soll der PIMS-Markt erforscht und für mehr Transparenz gesorgt werden. Hierzu gehören eine Online-Befragung sowie Experteninterviews.

---

[3] Definition crossmedial: „Kommunikation über mehrere inhaltlich, gestalterisch und redaktionell verknüpfte Kanäle." (Quelle:Dudenverlag 2013)

2   Fragestellung

In dieser Bachelorarbeit geht es um die folgenden drei Fragestellungen:

A) Die erste Fragestellung beschäftigt sich mit dem Thema PIMS im Allgemeinen. Es gilt zu klären, was unter dem Begriff Produktinformationen und Produktinformations-Management-System zu verstehen ist. Zudem beschäftigt sie sich mit den wirtschaftlichen Vorteilen eines PIMS. Hier ist es das Ziel, herauszufinden was betriebswirtschaftliche Vorteile eines PIMS sind, wer diese verspricht und welche Auswirkungen diese haben sollen.

B) Die zweite Fragestellung beschäftigt sich mit der Wahrnehmung der Unternehmen in Bezug auf die durch PIMS generierten wirtschaftlichen Vorteile. . Hierbei wird betrachtet, wie Unternehmen diese Vorteile einschätzen.

Einzelne Fragen zu diesem Themengebiet lauten u.a.:

   – Können die Unternehmen, welche ein PIMS einsetzen, wirtschaftliche Vorteile wahrnehmen?

   – Sind die Unternehmen mit ihrem PIMS zufrieden?

C) Die dritte Fragestellung sucht nach einer Antwort auf die Frage, ob die versprochenen wirtschaftlichen Vorteile eintreten und ob diese belegbar sind.

Diese Fragestellung splittet sich wiederum in folgende einzelne Fragen auf:

   – Können die Unternehmen, welche ein PIMS einsetzen, wirtschaftliche Vorteile nur subjektiv wahrnehmen oder durch Kennzahlen belegen?

   – Wie ist die Zufriedenheit mit PIMS?

   – Wo gibt es Probleme mit PIMS?

3 Vorgehensweise

Abbildung 1 zeigt die Vorgehensweise zur Beantwortung der Fragestellungen aus Kapitel

2. Die einzelnen Fragestellungen (A, B und C) wurden hierbei in die Grafik implementiert, zusätzlich wurde ein Bezug zur Gliederung hergestellt.

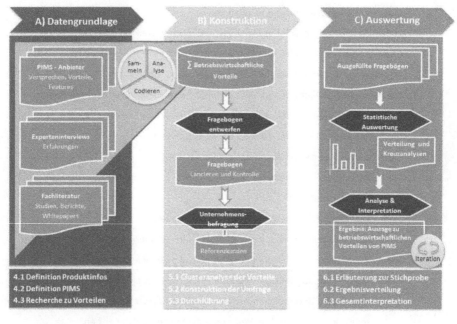

Abbildung 1: Forschungsbild dieser Bachelorarbeit

[Quelle: eigene Darstellung]

A) Anfangs wird definiert, was unter dem Begriff Produktinformationen zu verstehen ist. Anschließend erfolgt eine Erläuterung eines Produktinformations-Management-Systems und wie dieses charakterisiert wird. Die Definition ist nötig, da sich die PIMS-Lösungen der Unternehmen sehr häufig unterscheiden. Zusätzlich erfolgt eine Abgrenzung zu ähnlichen Software-Systemen.

Als nächstes folgt eine Recherche zum Thema „betriebswirtschaftliche Vorteile eines PIMS". An dieser Stelle muss unterschieden werden zwischen wirtschaftlichen Vorteilen, die durch eine Einführung eines PIMS im Unternehmen resultieren sollen (z.B. Kosteneinsparung durch Ressourceneinsparungen) und den funktionellen Features welches ein PIMS laut den Systemanbietern zu bieten hat (z.b. die zentrale Datenspeicherung). Diese Definitionen sind für das weitere Vorgehen und das Verständnis zum Thema Produktinformations-Management-Systeme essentiell.

Anschließend kommt es zum eigentlichen ersten Schritt der Vorgehensweise für Punkt A. Unter dem Überbegriff Datengrundlage werden die wirtschaftlichen Vorteile und Versprechen der Systemanbieter zusammengetragen. Als Quellen dienen hierfür die Anbieter von PIM-Systemen, Interviews mit Experten sowie Fachliteratur zum Thema Produktinformations-Management. Dieser Schritt bildet die Grundlage zur Beantwortung der beiden weiteren Fragestellungen aus Kapitel 2.

Für dieses Vorgehen werden allerdings bestimmte Kriterien festgelegt. So muss ein Experte beispielsweise eine bestimmte Anzahl von Jahren an Berufserfahrung auf diesem Gebiet mit sich bringen. Die festgelegten Kriterien werden im jeweiligen Kapitel erläutert. Sind diese erfüllt, werden die Vorteile festgehalten und anschließend mit den Vorteilen der anderen Quellen zusammengetragen.

B) Beim Übergang von Phase A zur Phase B erfolgt ein Zwischenschritt. Es wird eine Clusteranalyse der Vorteile durchgeführt. Dies stellt sich so dar, dass alle potentiellen wirtschaftlichen Vorteile, die ein hohes Maß an Ähnlichkeit aufweisen, zusammengefasst werden. Die sukzessiven Schritte hierfür lauten Sammeln, Analysieren und Codieren. Was unter einer Clusterbildung zu verstehen ist, wird in Kapitel 5 genauer erläutert.

Nachdem die Clusteranalyse eine fundierte Liste von 23 Vorteilen hervorgebracht hat, kommt es zum nächsten Teilschritt der Phase B der Vorgehensweise. Diese Phase dient vor allem der Beantwortung der zweiten Fragestellung B aus Kapitel 2, welche sich mit der Befragung der Unternehmen bezüglich des Eintretens der Vorteile befasst.

Hierfür wird ein Fragebogen für die Online-Befragung konstruiert, welcher im nächsten Teilschritt lanciert und durch dritte Personen kontrolliert und geprüft wird. Die fertige Online-Befragung wird mit der Plattform Unipark von der Firma Questback aufgesetzt und durchgeführt.

Anschließend wird eine Liste mit den Referenzkunden der Anbieter erstellt, welche kontaktiert und zur Teilnahme an der Befragung eingeladen werden. Das genauere Vorgehen zu diesem Teilschritt wird in Kapitel 5 tiefgehender erläutert.

C) Die dritte Phase der Vorgehensweise beschäftigt sich mit der Auswertung der generierten Antworten. Diese Phase wird Aufschluss darüber geben ob sich Unternehmen über ihre Vorteile bewusst sind oder ob es sogar Versprechungen seitens der PIMS-Anbieter gegeben hat, welche evtl. nicht eintreffen könnten.

Die Auswertung der Befragung erfolgt in Kapitel 6. Hier werden die Ergebnisse der Befragung durch eine statistische Häufigkeitsverteilung dargelegt. Zusätzlich werden Kreuzanalysen der Antworten mit Hilfe eines statistischen Programms durchgeführt um mögliche Zusammenhänge aufzuzeigen.

4 Hintergrund

4.1 Produktinformationen

Wie bereits erwähnt, beschäftigt sich diese Bachelorarbeit dem Thema Produktinformations-Management-Systeme. Doch was sind Produktinformationen überhaupt? Wo entstehen diese Daten und warum sind sie für unternehmensinterne und -externe Arbeitsprozesse entscheidend?

Der Begriff Produktinformationen bezeichnet alle Informationen, die bei den einzelnen Arbeitsschritten mit einem Produkt oder einer Dienstleistung in einem Unternehmen anfallen. Produktinformationen sind die „Basis des unternehmerischen Erfolges und liegen in einem Unternehmen häufig nicht zentral gebündelt vor" (Lucas-Nülle 2005, S.9).

Tabelle 1: Verschiedene Arten von Produktinformationen in der Literatur

Quelle	Verschiedene Arten von Produktinformationen
Wackernagel (2012)	− Texte − Preise − Bilder − Produktmerkmale − Zusatzinformationen wie Handbücher und Montageanleitungen
Lucas-Nülle (2005)	− Produktbeschreibungen in unterschiedlichen Sprachen − Preise − Rabatte − technische Attribute − Produktbeziehungen zu anderen Produkten, Zubehör, Ersatzteilen und Media Assets (Bilder, Dokumente)

[Quelle: eigene Darstellung]

Nach Dr. Noack (Noack 2006, S. 3) sind sie [die Produktinformationen] eine Notwendigkeit, denn sie sind „sowohl für den Wertschöpfungsprozess selbst als auch für die erfolgreiche Vermarktung der Produkte unverzichtbar".

Ein Problem bezüglich dieser Informationen und den dazugehörigen wichtigen Daten wie z.B. Produkteigenschaften und Übersetzungen in verschiedene Sprachen ist oft, dass diese mehrfach und in unterschiedlichen Versionen vorhanden sind (Wackernagel 2012, S. 4).

Da Dienstleistungs- bzw. Produktinformationen in den verschiedensten Abteilungen entstehen, gibt es dementsprechend viele Quellen (Noack 2006, S. 4).

Um dies zu verdeutlichen, zeigt die Grafik in Anhang A mögliche Quellen auf, in denen Produktinformationen entstehen können. In den jeweiligen Spalten sind die verschiedenen Abteilungen eines typischen Industrieunternehmens aufgeführt, in den Zeilen stehen jeweils die einzelnen Arbeitsschritte oder der jeweilige Bestimmungsort für die Produktinformationen.

Die Grafik veranschaulicht die Komplexität bei der Entstehung von Produktinformationen sehr gut. Doppelarbeiten, Fehler und Verzögerungen sind eine mögliche Konsequenz je zahlreicher die Informationsquellen, Informationskanäle und Informationsnutzer sind. Dies resultiert in zusätzlichen Kosten. (Noack 2006, S. 5)

Letztendlich sind es die folgenden sechs Herausforderungen auf die ein Unternehmen ihr Augenmerk legen sollte (Noack 2006, S. 17):

- Pflege und Aktualisierung der Informationen
- Verteilung der Information just-in-time[4]
- Qualität der Basisinformation sicherstellen
- Synchronisierung von Informationsquellen
- Inhaltliche Konsistenz
- Zentrale Bereitstellung von Information/Informationsverfügbarkeit

Das richtige Handling mit Produktinformationen stellt nur eine Herausforderung dar. Eine weitere sind immer komplexer werdende Prozesse und Workflows wie auch sich verknappende Budgets und personelle Ressourcen, um die Aufgaben zu bewältigen (Joachim 2012, S. 80).

Diesen Spagat zu bewältigen, ist eine Herausforderung, wofür die PIM-Systeme erfolgreich Hilfestellung leisten sollen.

---

[4] Just-in-time ist ein englischer Begriff und meint in diesem Sinne die Verteilung der Informationen zu dem Zeitpunkt, wo diese auch tatsächlich gebraucht werden.

4.2   Produktinformations-Management-Systeme

4.2.1   Definition

Ein PIMS wird in die Kategorie Datenbankanwendung eingeordnet, welches „produkt-bezogene Informationen eines Unternehmens zentralisieren, managen, synchronisieren, anreichern und den verschiedensten Medien und Systemen zur Verfügung stellen kann" (Blaser und Incony AG 2013).

Die nachfolgende Grafik veranschaulicht die Funktionsweise eines PIMS:

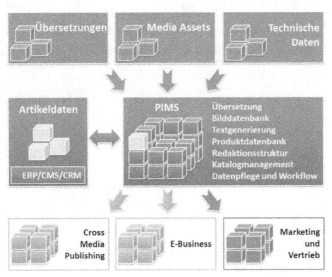

Abbildung 2: Schematische Darstellung der Funktionsweise eines PIMS

[Quelle: eigene Darstellung in Anlehnung an (Arvato 2013) und (crossbase mediasolution GmbH 2013)]

Die Incony AG definiert drei verschiedene Arten von PIM-Systemen:

- „Systeme, die sich nur auf die Produktdatenpflege fokussieren."

- „Software, die Funktionen zur Produktdatenpflege anbieten und zusätzlich Schnittstellen für Cross-Media-Publishing haben, d.h. mit denen Produktdaten an Systeme zur halbautomatischen Printgenerierung (Database Publishing) oder an Webshops weitergegeben werden."

- „Vollintegrierte Systeme, die sowohl Module anbieten zur Produktdatenpflege als auch zur vollautomatischen Printgenerierung, für Webshops, interaktive CD-Kataloge, elektronische Kataloge sowie Schnittstellen zu anderen Systemen."

Gerd Müller, Vertriebsmitarbeiter beim PIMS-Anbieter Creative Internet Consulting GmbH, erklärte in einem persönlichen Interview, dass er ein PIMS eher als ein Datenbanksystem bezeichnen würde. Für ihn sei die entscheidende Funktion eines PIMS die zentrale Datenhaltung, alles Weitere seien Zusatzfunktionen. Seine Aussage lässt sich am besten in Typ 1 (Systeme, die sich nur auf die Produktdatenpflege fokussieren) einordnen und ist ein gutes Beispiel für das Fehlen einer klaren PIMS-Definition am Markt.

Durch die vielen verschiedenen Funktionen ist es zudem möglich, ein PIMS mit einem anderen IT System zu verwechseln. Um dies zu vermeiden, werden verschiedene Systeme voneinander abgegrenzt (siehe Kapitel 4.2.2).

Nachdem das Augenmerk dieser Bachelorarbeit auf der Betrachtung der wirtschaftlichen Vorteile eines PIMS liegt, sollen die Funktionen eines PIMS nun in knapper Form erläutert werden.

Wie die Grafik verdeutlicht, dient das PIMS vor allem als zentrale Datenbank und ermöglicht es dadurch, alle Datenquellen mit Produktinformationen zusammenzuführen. Somit ist es möglich, diese Daten dort zentral zu pflegen, zu verwalten und für crossmediale Aktivitäten zu nutzen (Joachim 2012, S. 80).

In der Darstellung finden sich die Begriffe „Übersetzungen", „Media Assets" sowie „Technische Daten". Hinter diesen Begriffen verbergen sich eine Vielzahl von Informationen und Daten, die für die Produktkommunikation wichtig sind (SOKO GmbH):

o Übersetzungen: Verschiedene Sprachen, Währungen und länderspezifische Besonderheiten

o Media Assets: Bilder, Texte, Videos, Audiodateien sowie Dokumente

o Technische Daten: Merkmale, Werte, Eigenschaften, Klassen und Suchbegriffe

Schnittstellen zu anderen Programmen sind in PIMS integriert, um die jeweiligen Artikeldaten zu übernehmen. D.h. Schnittstellen zu anderen Softwarelösungen die in einem Unternehmen eventuell benötigt werden, wie z.B. ERP CRM, CMS, SAP, diversen Shopsystemen, InDesign, E-Shop oder diversen Webservices werden von den Anbietern zur Verfügung gestellt oder speziell programmiert.

Das PIMS ermöglicht dann erneut diese gesammelten Daten in der zentralen Datenbank zusammenzuführen, sie zentral zu pflegen, zu verwalten und anschließend für crossmediale Aktivitäten zu benutzen (Joachim 2012, S. 80).

Die weiteren Funktionen eines PIMS zu beschreiben ist schwierig, da jeder Anbieter unterschiedliche Varianten eines PIMS zur Verfügung stellt und verschiedene Zusatzfunktionen implementiert. Als Beispiel sind folgende Funktionen aufgelistet, welche die SOKO GmbH mit ihrer PIMS-Lösung anbietet:

- Zentrales Produktdatenmanagement (medienneutrale Datenpflege)

- Assetmanagement (u.a. Bilddaten, Dokumente)

- Klassifizierungsmanagement (u.a. Attribute, Kategorien)

- Übersetzungsmanagement (multilinguale Datenverwaltung)

- Beziehungsmanagement (u.a. Cross Selling)

- Outputmanagement (strukturierte Datenaufbereitung)

- Workflowmanagement (Freigabe- und Genehmigungsprozesse)

- Benutzerverwaltung (u.a. Rechte- und Rollenvergabe)

- Mandantenmodul (Integration/Synchronisation einzelner Geschäftsbereiche, Regionen und Tochtergesellschaften)

Diese Funktionen werden auch von den meisten anderen Anbietern genannt und können daher als typische Funktionen eines PIMS herangezogen werden.

Aus dem PIMS heraus können anschließend die verschiedenen Kanäle mit aktuellen und gültigen Produktinformationen „einfach, schnell und automatisiert bestückt werden" (Wackernagel 2012, S. 12).

Tabelle 2: Beispiele für Publikationskanäle

Medium	Publikationskanäle und Ausgaben eines PIMS
Print	— Hauptkatalog — Sortimente — Kundenindividuelle Kataloge — Broschüren — Datenblätter — Preislisten
Internet	— Online-Katalog — eShop — Angebote — Produtkankündigungen — Datenblätter — Betriebs- und Montageleitungen
Elektronisch	— eKataloge — BMECat — Preislisten — CD/DVD

[Quelle: eigene Darstellung, (Wackernagel 2012, S.12)]

Nach Noack (2006) stellt die „Verteilung von Informationen just-in-time" eine Herausforderung dar. Auch dies soll ein PIMS ermöglichen, da es Informationen, unabhängig von jeder anderen Quelle von Produktdaten und für jeden Einsatzzweck bzw. Publikationskanal auf Knopfdruck liefern kann. (Marcant 2011, S. 2).

4.2.2 Abgrenzung zu weiteren Informations-Systemen

Der Begriff Produktinformations-Management System hat sich erst in jüngerer Vergangenheit durchgesetzt, daher existiert noch eine Vielzahl von weiteren Begriffen. Diese werden im Folgenden erläutert und gegebenenfalls in den Zusammenhang gestellt.

Tabelle 3: Synonym verwendete Begriffe

Synonym	Synonym verwendete Begriffe für PIMS
PDM	Produktdatenmanagement, Product-Data-Management – Abgeleitet aus dem Begriff Engineering Data Management (EDM). Der Begriff weitet sich tendenziell Richtung Product Lifecycle Management aus (PLM). Hier geht es um die zweckmäßige Verwaltung aller Daten, die für die Produktfertigung benötigt werden. Behandelt primär Daten, welche die Produktstruktur beschreiben.
PRM	Product-Resource-Management – Wird nur noch von vereinzelten Softwareanbietern verwendet.
PCM	Product-Content-Management – Synonym für PIMS, wird hauptsächlich im englischen und französischen Sprachraum verwendet.
PLM	Product-Lifecycle-Management – Eher als Organisationsansatz und weniger als Technologie zu verstehen. Wird verwendet, um eine Strategie zur Koordination von Geschäftsprozessen zu beschreiben. PLM ist auf die Optimierung vollständiger Produktlebenszyklen ausgerichtet.
EDM	Engineering-Data-Management – Verwaltet Abläufe und Daten, welche im Laufe eines Produktlebenszyklus entstehen (z.B. bei Entwicklung neuer Produkte oder Änderungen von vorhandenen Produkten).
MAM	Media-Asset-Management – Wird verwendet, um multimediale, unstrukturierte Objekte zusammenzufassen (z.B. Bilder, Präsentationen oder Rich-Media-Daten).
CMP	Cross-Media-Publishing – Begriff wurde in der Werbe und Druckbranche geprägt. Durch vorteilhafte Medienwahl soll eine optimale Werbewirksamkeit erzielt werden. In diesem Zusammenhang wurde Cross Media konzipiert. Bei Cross Media liegt der Fokus auf der Mehrfachnutzung der medialen Einzelbausteine (z.B. Web- oder Print-Medien). Bei einem kleinen Sortiment oder sehr einfachen Produktstrukturen kann eine CMP-Lösung gegenüber einer PIMs-Installation sinnvoll sein.

[Quelle: eigene Darstellung, (Lucas-Nülle 2005, S. 10-12)]

Folgende Begriffe stehen in einem engen Kontext mit PIM:

Tabelle 4: Begriffe im engen Kontext zu PIMS

Begriff	Begriffe im engen Kontext zu PIMS
DMS	Document-Management-System — Verwaltet sowohl elektrisch als auch nicht elektronisch erzeugte Dokumente, ist verantwortlich für Dokumente in den Phasen: Planung, Entwurf, Erstellung, Weitergabe und Verteilung, Ablage und Archivierung. Es geht primär um die Verwaltung und das Wiederauffinden von Daten. Es hat folgende Funktionen: o Integration untersch. Dokumente aus versch. Quellen o Schnittstellen zu den Ressourcen eines Unternehmens o Darstellung der Geschäftsprozesse als Workflow
CMS WCMS	Content-Management-System & Web-Content-Management-System — Der Inhalt und das Web-Layout werden strikt getrennt, eine Mehrfachnutzung von Daten ist möglich. Es hat folgende Funktionen: o Verwaltung von Daten o Stellt Inhalte im Internet zur Verfügung o Medienverwaltung o Benutzer- und Workflowmanagement
ECM	Enterprise-Content-Management — Überbegriff für Produkte und Lösungen wie auch einen gesamten Markt. ECM umfasst alle Technologien, Methoden und Werkzeuge, welche in einem Unternehmen benötigt werden, um elektronische Inhalte zu erfassen, zu verwalten und bereitzustellen. Zu ECM gehören die verschiedensten Technologien: o Web Content Management o elektronische Archivierung o Dokumentenmanagement o Workflow o Produkt Informations Management

[Quelle: eigene Darstellung, (Lucas-Nülle 2005, S. 12-13)]

Nach Osl (2007) wird noch ergänzt, dass wenn ein Enterprise-Content-Management alle strukturierten Informationen im Unternehmen umfasst, so ist ein PIMS einerseits eine wesentliche Teilaufgabe von ECM mit dem Fokus auf Produktinformationen, andererseits geht es über ECM hinaus, da es auch strukturierte Informationen einschließt, die normalerweise in einem Enterprise-Resource-Planning-System verwaltet werden würden (Osl und Otto 2007, S. 35).

Im Themenumfeld des PIMS gibt es noch weitere Begrifflichkeiten, die näher erläutert werden, um eine Einordnung des Produktinformations-Managements zu verstehen:

Tabelle 5: Abgrenzung des PIMS zu ähnlichen IT-Bereichen

Begriff	Abgrenzung des Produktinformations-Management zum Themenumfeld
ERP	Enterprise-Resource-Planning — Abbildung aller Geschäftsprozesse, beinhaltet und plant mit allen Ressourcen eines Unternehmens (Kapital, Betriebsmittel und Personal). Die transaktionsorientierte Ausrichtung von ERP führt dazu, dass sie für Aufgaben des Produktinformations-Management nicht geeignet sind. Zentrale Funktionen eines ERP: o Materialwirtschaft, Fertigung, o Controlling, Personal, Finanz- und Rechnungswesen o Forschung und Entwicklung o Verkauf und Marketing
WWS	Warenwirtschaftssystem — Hauptaufgabenfeld sind die Verwaltung, Planung und Steuerung der Materialbewegung, sowie die Koordination des Warenflusses. Wie das ERP eher transaktionsorientiert und damit mit ähnlichen Einschränkungen verbunden. Zu verwaltende Bereiche: o Verkauf (Angebot, Auftrag, Lieferschein, Rechnung) o Lagerhaltung (Bestandsführung, Mindestbestand) o Einkauf (Bestellung, Bestellvorschlagsermittlung)
CRM	Customer-Relationship-Management — Dieses Kommunikationsinstrument gestaltet die strategische Ausrichtung des Unternehmens auf die Kunden. Aufbau einer kontinuierlichen Beziehung zum Kunden. Im Mittelpunkt stehen die Kundenzufriedenheit, die Umsetzung von Kundenwünschen sowie die Kundenbindung.
PRM	Partner-Relationship-Management — Bezeichnet alle Aktivitäten, um die Beziehung zu Geschäftspartnern möglichst effizient und wirtschaftlich zu gestalten. Abgrenzung zu CRM: Geschäftspartner stehen im Vordergrund, nicht die Kundenbeziehung. Abgrenzung zu Produktinformations-Management: CRM und PRM stellen nötige Kundeninformationen für One-to-One Marketing bereit, welches nicht für jedes andere System benötigt werden würde. Eine Integration der Daten wäre jedoch sinnvoll.

[Quelle: eigene Darstellung, (Lucas-Nülle 2005, S. 13-15)]

4.3 Wirtschaftliche Vorteile eines PIMS

In dieser Arbeit geht es vor allem um die Vorteile für die Wirtschaftlichkeitsverbesserung im Unternehmen, und nicht um sogenannte Features des jeweiligen Systems der verschiedenen Anbieter. Eine bestimmte Funktion oder Eigenschaft des Systems wird als Feature bezeichnet, so z.B. ein Feature für die Erstellung von Dokumenten in einem PDF Format. Diese Features sind im Leistungsumfang des Produktes enthalten und werden in dieser Bachelorarbeit als gegeben vorausgesetzt, daher liegt das Augenmerk auf den wirtschaftlichen Vorteilen.

Als Vorteil (in dieser Bachelorarbeit auch als „Versprechen" bezeichnet) werden Eigenschaften definiert, die dem Unternehmen einen positiven Effekt bringen. Solch ein Effekt kann z.B. eine Kostenreduzierung darstellen oder auch eine Einsparung von Zeit bei bestimmten Arbeitsprozessen. Diese Effekte bringen dem Unternehmen einen Vorteil, der Auswirkungen auf die Wirtschaftlichkeit der Arbeitsweise haben soll sowie einen Wettbewerbsvorteil erbringen kann.

Diese Vorteile können außerdem dahingehend unterschieden werden, ob sie einen Kostenvorteil bewirken (Ressourceneinsparung) oder einen Mehrwert generieren (Umsatzwachstum).

Um eine gute Grundlage an Vorteilen zu sammeln, wurden vorher Kriterien festgelegt, um die Auswahl an PIM-Systemen zu begrenzen. Das PIMS eines Anbieters musste daher die Mindestanforderung erfüllen, die durch die PIMS-Definition festgelegt wurde (siehe Kapitel 4.2.1).

4.3.1 Vorteile laut Anbieter

Das Ziel dieses Teils der Arbeit war es, eine fundierte Liste von Vorteilen zu erstellen. Hierfür wurden die zugesandten Informationsbroschüren und aufgerufenen Websites der Anbieter analysiert, insofern das PIMS die festgelegten Kriterien erfüllen konnte.

Die versprochenen Vorteile seitens der Anbieter waren sehr unterschiedlich. Zum einen bedurfte es wieder einer strikten Trennung zwischen Features und Vorteilen, zum anderen unterschieden sich die formulierten Vorteile stark in ihrer Präsentation.

Dr. Fischer, Geschäftsführer des PIMS-Anbieters Lobster GbmH, gab in einem Gespräch an, dass eine PIMS-Installation mit einem durchschnittlichen Kostenvorteil von 40.000 bis

100.000 Euro verbunden sein sollte. Ob sich eine Investition lohnt, würde sein Unternehmen durch einen „Sales- und Einstiegs-Workshop" im Vorfeld mit den Interessenten abklären. Gleichzeitig erklärte Dr. Fischer, dass eine „Wirtschaftlichkeitsberechnung im Nachhinein wie ROI, Umsatzzuwächse und Kosteneinsparungen" nicht vorgenommen werden würde.

Der Anbieter Fischer Computertechnik schickte im Anschluss an ein Gespräch eine Excel-Tabelle als Anhang zu, welche bei Vertriebspräsentationen vor Kunden verwendet wird. In dieser Tabelle können die Ist-Kosten des Unternehmens eingetragen werden, um die neuen Kosten mit PIMS zu schätzen. So verspricht diese Firma Einsparungsmöglichkeiten beim „Erstellen neuer Unterlagen" von 30 % im 1. Jahr (mit PIMS), 50 % im 2. Jahr und 70% im 3. Jahr. „Einsparungen durch gezielte Aktualisierungen" werden mit 50% angegeben, Übersetzungen von neuen Unterlagen mit 30 % im 1. Jahr, 50 % im 2. Jahr und 80 % im 3. Jahr. Bei einer „Übersetzung der überarbeiteten Unterlagen" liegen die Einsparungsmöglichkeiten bei 50 % im 1. Jahr und 80 % im 2. Jahr.

Dieser Hersteller summiert diese Rechnungen am Ende auf und kommt so auf eine Einsparung der Kosten in den genannten Arbeitsprozessen von bis zu 71% im 3. Jahr. Diese einfache Rechnung ist ein gutes Beispiel dafür, dass es bei der Recherche zu diesem Thema sehr schwierig war, an Zahlenbeispiele zu kommen. Selbst diese Datei, welche bei Verkaufsgesprächen eingesetzt wird, basiert auf einem einfachen Soll-Ist Vergleich, welcher als kritisch zu betrachten gilt.

Die zugesandten Broschüren sowie die frei zugänglichen Informationen auf den Websites der Anbieter sind oft ähnlich aufgebaut. Es gibt Berichte von Referenzkunden, die die Software empfehlen, Auflistungen der Features, welches das jeweilige PIMS bietet und Aufzählungen wirtschaftlicher Vorteile des PIMS.

Eine Auflistung der vielen verschiedenen Vorteile der Anbieter würde in dieser Bachelorarbeit zu viel Platz beanspruchen. Aus diesem Grund wurden die Vorteile der Anbieter analysiert, in Word-Dateien gesammelt und für die spätere Clusteranalyse abgespeichert. Daher befindet sich die Liste der Vorteile, welche die Clusteranalyse hervorgebracht hat, in Kapitel 5.1 (siehe Tabelle 6).

4.3.2 Vorteile laut Fachliteratur und Experten

Wie eingangs in der Motivation beschrieben wurde, zeigten sich bei der Suche nach wissenschaftlichen Studien und Fachpublikationen für das Themengebiet PIMS Desiderate auf.

Für die Auswahl der Fachliteratur und der Experten für die Interviews wurden Kriterien festgelegt, um dem Aspekt der Wissenschaftlichkeit dieser Arbeit gerecht zu werden. Die eigens festgelegten Kriterien waren erfüllt, wenn die folgenden Eigenschaften erfüllte wurden:

- Der Autor / die Autorin besitzt eine hohe Reputation.
- Die Quelle stammt aus einer der folgenden Publikationen: Fachzeitschrift, Monographie, Enzyklopädie, Bibliographie, Dissertation, Forschungsbericht.
- Die Quelle ist aktuell.
- Die befragte Person kann eine mehrjährige Erfahrung in dem Berufsfeld aufweisen.

Gerd Müller, Vertriebsmitarbeiter beim PIMS-Anbieter Creative Internet Consulting GmbH, erklärte in einem persönlichen Interview, dass der Druck für Unternehmen gestiegen sei, PIMS zu nutzen, um eine gute Datenqualität zu erhalten. Müller ist zwar ein Mitarbeiter eines PIMS-Anbieters, führte jedoch das Interview glaubhaft als objektiver und neutraler PIMS-Experte.

Stefanie Staib, Vertriebsmitarbeiterin beim PIMS-Anbieter guide2media GmbH, liefert hierfür in einem persönlichen Interview ein Beispiel: Halten Hersteller von Sanitärprodukten gewisse Datennormen nicht ein, „fliegen sie aus dem Händlerkatalog raus". Hierfür gebe es laut Staib bereits „eine Art Gewerkschaft für Sanitärunternehmen", die ARGE neue Medien. Dieser Zusammenschluss namhafter Markenhersteller der Sanitärbranche engagiert sich für die systematische Verbreitung neuer Informations- und Kommunikationstechnologien in der Branche.

Ein praktischer Vorteil von PIMS soll laut Gerd Müller also eine höhere Datenqualität sein. Er begründet diesen Vorteil darin, dass z.B. ein Fehler in einer Produktbeschreibung mit einem Arbeitsschritt automatisch auf allen Vertriebskanälen ausgebessert werden kann. Diese Aktion benötigt dementsprechend weniger Ressourcen (Mitarbeiter, Zeit) und resultiert daher in einem Kostenvorteil.

Weitere Vorteile nennt die Cognitas-Studie 2006 zum Thema Produktinformations-Management in Unternehmen (Noack 2006, S. 15). In dieser Umfrage wurden Führungskräfte aus verschiedenen Bereichen der deutschen Wirtschaft zum Thema Informationsmanagement befragt. Das Ergebnis dieser Befragung war sehr positiv:

„Das Management von Dienstleistungs- und Produktinformationen...

- ist ein Erfolgsfaktor für Unternehmen" (laut 93,7%)
- ist eine bereichsübergreifende Aufgabe" (laut 85,5%)
- bringt positive Synergieeffekte mit sich" (laut 84,2%)

Alexa Wackernagel, eine selbstständige Beraterin (Consulessa GmbH) und seit 2005 im PIMS Projektmanagement tätig, nennt nicht nur die Vorteile eines PIMS, sondern bezeichnet ein PIMS als eine Notwendigkeit: „Die Möglichkeiten der Produktkommunikation und -Verwaltung sind stark eingeschränkt", sollte ein PIMS im Unternehmen fehlen (Wackernagel 2012, S. 4).

Wackernagel (2012) zeigt eine allgemeine Schwachstelle im Informationsmanagement von Unternehmen auf, um anschließend auf die Vorteile eines PIMS zu verweisen:

- Bei der Erstellung und Verwaltung von Produktinformationen, sowie deren Publizierung, kommt es häufig zu Berührungspunkten von verschiedenen Abteilungen und Verantwortlichen innerhalb eines Unternehmens. Dies führt zu einem Mangel an Effizienz und Durchgängigkeit der dazugehörigen Prozesse und Systeme. Als Grund wird hierfür ein Vorliegen von verschiedenen Versionen und an verschiedenen Stellen von wichtigen Informationen genannt (Wackernagel 2012, S. 4).

- Die Kommunikation zwischen den Fachabteilungen wird durch PIM schneller und einfacher, denn sobald von einer Abteilung neue Produktinformationen eingestellt werden, stehen diese den anderen Abteilungen für deren Arbeitsprozesse zur Verfügung. Der gesamte Produktkommunikationsprozess wird dadurch effizienter. (Wackernagel 2012, S. 10)

Weitere Vorteile eines PIMS sind nach Wackernagel (2012, S. 15) wie folgt:

- o Hohe Datenqualität
- o Effiziente Datenpflege
- o Einfache Aktualisierung
- o Schnellere Publikationszyklen

  o Durchgängige Produktkommunikation

Um zu verdeutlichen, welche Kostenfaktoren in einem Unternehmen welches ohne ein PIMS arbeitet anfallen und unnötig sind, listet Wackernagel (2012, S. 17) eine Reihe von Beispielen auf:

  o Einzelne, spezialisierte Systeme nötig

  o Keine übergreifenden Workflows

  o Keine Kommunikation über Schnittstellen (z.b. zu ERP)

  o Versionschaos durch redundante Datenhaltung

  o Datenaktualität ist nicht gewährleistet

  o Medienbrüche im Publikationsprozess

  o Doppelte Datenpflege der vielen Systeme

  o Unterschiedliche Datenquellen und Datenformate (Excel, Word)

  o Mangelhafte Qualität der Daten und fehlende Informationen

  o Mehrfache Übersetzungen nötig

Die genannten Beispiele geben im Umkehrschluss die möglichen Vorteile eines PIMS nach Wackernagel (2012) wieder.

Weitere Vorteile und Versprechungen aus diversen Quellen sind wie folgt:

- "Das Zusammenspiel von digitaler und physischer Welt kann schon heute für mehr Umsatz und weniger Kosten sorgen und rüstet Unternehmen für den Weg hin zum Multi Channel-Vertrieb." (Helbig 2012)

- „Um heutige und zukünftige Kunden erfolgreich zu bedienen, führen Unterneh-men Multi Channel Business ein. Damit sind Unternehmen in der Lage, ein besse-res Kundenerlebnis in allen „Touch Points" zu erzeugen und den Kunden entlang der Customer Journey gemäß seinem Potenzial zu entwickeln." (Möller 2012)

- 94% der Führungskräfte im Management sehen von Dienstleistungs- und Produk-tinformationen einen Erfolgsfaktor für ihr Unternehmen (Osl und Otto 2007, S. 35)

- „Dass die befragten Teilnehmer jedoch zu über 80% dasselbe System wieder wäh-len würden, lässt insgesamt den Schluss einer sehr hohen Kundenzufriedenheit zu und macht deutlich, dass die Einführung eines PIM-Systems auch im Nachhinein als richtige und sinnvolle Entscheidung erachtet wird." (BMK 2013)

- „Zukunftsweisende Produktkommunikation ist eine nicht mehr weg zu denkende Säule der Kundenansprache unserer Zeit. PIM-Systeme sind die geeigneten softwaretechnischen Mittel, diese Forderung zu erfüllen."(Dr. Erich Koetter 2009)

Im „Oracle Data Sheet" vom 16.06.2010 werden zahlreiche messbare wirtschaftliche Vorteile von MDM gelistet. Es sind die Erfahrungswerte von über 1.000 MDM-Kunden weltweit sowie aus unterschiedlichen Branchen. Im Durchschnitt wurden folgende Einsparungen in den unterschiedlichsten Branchen erreicht (Koetter und Abrao 2011, S. 16):

- Erhöhte Rücklaufquote von Kampagnen um 15%

- Zeiteinsparung für Produkteinführungen um 20%

- Verbesserte Abwicklung von Bestellungen um 5%

- Reduzierte Integrationskosten um 20%

- Erhöhte Effizienz von Cross-Selling-Maßnahmen um 3%

- Verbesserte Kundenbindung um 2%

- Reduzierter Aufwand für Auswertungen um 15%

Osl und Otto (2007) haben ein komplexes Framework für die Nutzenargumentation des PIM erstellt, sowie interne und externe Treiber für die Nutzung eines PIM identifiziert. Das komplette Framework für die Nutzenargumentation befindet sich in Anhang B, mithilfe dessen man „in der Praxis schnell und einfach geeignete Nutzenpotenziale für die PIM-Initiative im eigenen Unternehmen identifizieren" können soll (Osl und Otto 2007, S. 35), da PIM-Initiativen zunehmend unter Vorbehalt der Wirtschaftlichkeit gestellt werden.

Das Framework bildet ein „anwendbares Werkzeug für die Unternehmenspraxis bei der Nutzenidentifikation", je nach den unternehmensspezifischen Einsatzszenarios. Allerdings werden die Nutzenpotentiale weder quantifiziert noch bewertet. Auch die Kosten einer PIM-Initiative, welche von unternehmensspezifischen Begebenheiten abhängen und individuell bestimmt werden müssen, werden nicht betrachtet. (Osl und Otto 2007, S. 36).

Die folgende Darstellung dagegen verdeutlicht den Zusammenhang von Nutzenpotentialen mit den Nutzendimensionen und den Qualitätsdimensionen.

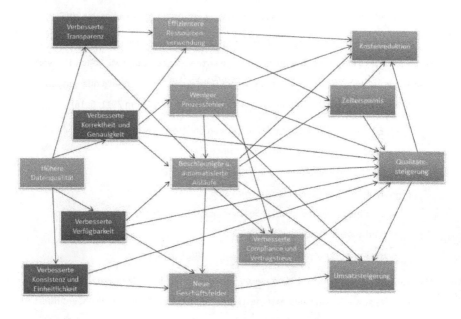

Abbildung 3: Wirkungsnetzwerk der Nutzenpotenziale des PIM
[Quelle: eigene Darstellung in Anlehnung an (Osl und Otto 2007)]

Legende		
Qualitätsdimension	**-**	**Blau**
Nutzendimension	-	Grün
Nutzenpotential	-	Orange

Das abgebildete Wirkungsnetzwerk basiert auf einer empirischen Untersuchung von 29 Unternehmen der Konsumgüter- (Non-Food) und Pharmabranche von (Osl 2007). Die Teilnehmer der Studie waren angehalten, Nutzenpotentiale von PIMS zu nennen und, soweit möglich, deren Wechselwirkungen zu skizzieren.

Eine höhere Datenqualität der Produktinformationen steht hier im Zentrum der Nutzenargumentation, wobei die Qualitätsdimensionen „Transparenz", „Korrektheit und Genauigkeit", „Verfügbarkeit" und „Konsistenz und Einheitlichkeit" eine entscheidende Rolle spielen.

5 Konstruktion und Durchführung der Online-Befragung

Ein Ziel der Bachelorarbeit war eine Befragung unter PIMS-nutzenden Unternehmen durchzuführen, um eine umfassende „State of the Art-Analyse" über PIMS erstellen zu können.

Im Vorfeld der Online-Befrage war die größte Herausforderung das Zusammenfassen der wirtschaftlichen Vorteile. Gemeint sind damit, die von Anbieterseite versprochenen Vorteile für das jeweilige PIM-System.

In der Konstruktion musste außerdem beachtet werden, dass die Umfrage nicht zu umfangreich wird um mögliche Abbrüche der Teilnehmer zu vermeiden. Dieser Aspekt beruht auf einer eigenen Einschätzung, da die Teilnehmer nach einer bestimmten Zeit aus Langeweile oder ähnlichen Gründen abrechen könnten.

Der Anspruch war eine kompakte Umfrage zu erstellen, die die wichtigsten Aspekte von den Teilnehmern abfragt, aber nicht länger als 15 Minuten dauern sollte. Als Umfrageform wurde eine Online-Befragung gewählt, um die Durchführbarkeit zu erleichtern und möglichst viele Unternehmen anschreiben zu können.

Kern der Umfrage war die Abfrage der wirtschaftlichen Vorteile, welche durch die Anbieter versprochen werden. Weiterhin wurden die Teilnehmer auch nach folgenden weiteren Aspekten befragt:

- Einordnung des eigenen Unternehmens (Marktposition, Anzahl Mitarbeiter, etc.)
- Zusammensetzung und Features des gekauften PIMS
- Befragung zu den wirtschaftlichen Vorteilen
- Zufriedenheit mit dem PIMS

Bei der Befragung zu den Vorteilen wurde die Umfrage so konstruiert, dass es möglich war qualitative und subjektive Antworten geben zu können. Somit wurde versucht ein möglichst breites Antworten-Arsenal der Teilnehmer abzuschöpfen, denn nicht jeder Mitarbeiter verfügt über belegbare Kennzahlen, jedoch evtl. über subjektive Erfahrungen.

Um zu überprüfen ob die Antworten des Teilnehmers auf subjektiven Erfahrungen oder auf qualitativen Kennzahlen beruhen, wurde hierfür eine weitere Frage eingebaut.

Am Ende der Umfrage wurde noch ein Link zu einem eigens erstellten Newsletter eingetragen, in den sich die Teilnehmer eintragen konnten um ihr Interesse an den Ergebnissen der Umfrage mitzuteilen. Dieses eigens erdachte Vorgehen ermöglicht die Wahrung der Anonymität der Umfrage, damit die abgegebenen Antworten den Teilnehmern nicht mehr zugeordnet werden können.

Wie bereits erwähnt, wurde die Umfrage mit der Software Unipark von Questback erstellt und durchgeführt.

5.1 Clusteranalyse der Vorteile

Alleine für den deutschsprachigen Raum wurden 90 verschiedene Anbieter für Produktinformations-Management-Systeme gefunden. Dies Bedeutet im Umkehrschluss 90 verschiedene Argumentationen und Versprechungen für die Vorteile für das jeweilige PIMS.

Für die Umfrage konnten aber nicht alle einzelnen Vorteile abgefragt werden, daher mussten die wichtigsten Vorteile zusammengefasst werden was mit Hilfe einer Clusteranalyse umgesetzt wurde. Das Durchführen einer Clusteranalyse Bedeutet, dass die einzelnen Vorteile auf Ähnlichkeitsstrukturen untersucht werden und diese ähnlichen Objekte (die sog. ‚Cluster') anschließend neu gebildeten Gruppen zugeordnet werden (das sog. ‚Clustering') (Wikipedia 2013a).

In diesem Fall Bedeutet dies, dass die ähnlichen Vorteile aus den vielen verschiedenen Informationsquellen der Anbieter, der Experten und aus der Fachliteratur drei neu gebildeten Gruppen zugeordnet werden: Kosten, Qualität und Umsatz.

Zusätzlich musste bei der Clusteranalyse beachtet werden, dass sich die Systeme in den Funktionen sehr oft unterschieden und daher auch in den jeweiligen Vorteilen. Die Vorteile wurden daher für ein typisches PIM-System wie es in 4.2.1 beschrieben wurde, ausgesucht.

Als Ergebnis der Clusteranalyse wurden die 23 wichtigsten Vorteile gefiltert und den drei festgelegten Bereichen zugeordnet:

Tabelle 6: Zusammenfassung der versprochenen Vorteile von PIM-Systemen

Bereich Kosten

„Das eingesetzte PIM-System ermöglicht dem Unternehmen...
1. eine kostengünstige und medienübergreifende Mehrfachnutzung der Daten."
2. eine erhebliche Reduzierung von Übersetzungskosten."
3. eine Reduzierung von Fehlern und Folgekosten."
4. effizientere und kostengünstigere Kommunikationsprozesse."
5. eine Kostenreduktion bei Printkatalogen."
6. dass die Verwaltung für Daten im Internet nahezu komplett weg fällt und somit Kosten erspart."

Bereich Qualität

„Das eingesetzte PIM-System ermöglicht dem Unternehmen...
7. eine verbesserte Qualität in der Kundenberatung."
8. eine konsequente Trennung von Struktur und Layout."
9. eine schnellere Reaktionszeit auf Kundenanfragen."
10. eine Automatisierung und Einsparung von Prozessen und somit einer signifikanten Entlastung der Mitarbeiter."
11. eine höhere Transparenz der Prozesse."
12. eine effiziente Medienverwaltung: Zentrale Verwaltung der gesamten Medienbestände."
13. eine standardisierte Kommunikation in der Supply Chain."
14. eine medienübergreifende Datenhaltung der gesamten Produktdaten."
15. eine Effiziente Datenverwaltung: Single-Source-Publishing (Nutzung für alle Publikationen)."
16. einfachere Kommunikationsprozesse: Informationen individuell für verschiedene Zielgruppen oder Medien aufbereiten."

Bereich Umsatz

„Das eingesetzte PIM-System ermöglicht dem Unternehmen...
17. mehr Umsatz durch Cross-Selling."
18. höhere Margen dank einer möglichen Longtail-Strategie."
19. Imagegewinn durch schnelle internationale Präsenz im Internet."
20. einen Wettbewerbsvorteil und Umsatzplus durch Kataloge in mehreren Sprachvarianten und somit die Eroberung neuer Märkte."
21. eine erhöhte Kundenzufriedenheit und eine bessere Kundenbindung."
22. einen kürzeren Produkterstellungsprozess: kürzere Einführungszeiten neuer Produkte und somit eine schnellere Time-To-Market."
23. eine agile Produktkommunikation auf allen Kanälen: Zusammenführen der einzelnen Medien und Interaktionen mit zusätzlichen Informationsangeboten."

[Quelle: eigene Darstellung]

5.2 Vollständiger Umfragebogen

Nachdem mit der Zusammenfassung der Vorteile der Kernteil der Befragung abgeschlossen war, wurde der restliche Teil der Befragung konstruiert. Der komplette Umfragebogen ist dem Anhang beigefügt (Siehe Anhang C). Die äußere Erscheinungsform der Umfrage basiert auf eigenem Design.

5.3 Vorgehensweise und Durchführung

Nach der Fertigstellung der Umfrage, wurde die weitere Vorgehensweise für die Befragung festgelegt. Als Zielgruppe wurden die Referenzkunden der PIMS-Anbieter festgelegt.

Dafür wurden die Unternehmensseiten der PIMS-Anbieter aufgerufen und die Namen von Referenzkunden gesammelt. Bei einer Menge von 100 Anbietern kamen weit über 3.000 Referenzkunden zusammen. Mit dem jeweiligen Firmennamen wurde dann mit einer Suchmaschine die Internetpräsenz ausfindig gemacht und nach einer Kontakt E-Mail-Adresse gesucht.

Aufgrund der Intensität dieser Recherchearbeit wurde die Auswahl auf 500 Referenzkunden begrenzt. Diese Unternehmen wurden über die Umfrage informiert und um Teilnahme gebeten. Dies geschah größtenteils per E-Mail, vereinzelt Unternehmen auch telefonisch kontaktiert, um die für PIMS zuständigen Mitarbeiter zur Umfrage einzuladen. Die telefonische Kontaktaufnahme war entsprechend zeitlich wesentlich aufwendiger und konnte daher nicht für die gesamte Auswahl durchgeführt werden.

Um die Unternehmen zur Teilnahme zu motivieren, wurde in Aussicht gestellt, ihnen die Ergebnisse der Umfrage auf Wunsch zukommen zu lassen. Dafür konnten sie sich in einen Newsletter am Ende der Umfrage eintragen oder sie meldeten ihr Interesse persönlich per E-Mail.

In Anhang D befinden sich Screenshots von drei fachspezifischen Websites, welche die Online-Befragung zusätzlich propagierten.

6 Auswertung der Online-Befragung

Dieses Kapitel umfasst die Auswertung der erstellten Online-Befragung. Zuerst wird die Stichprobe erläutert, anschließend wird die Ergebnisverteilung dargelegt und zum Schluss gibt es eine Interpretation der Ergebnisse.

6.1 Stichprobe

Dieses Kapitel erläutert die Stichprobe der Online-Befragung, also die Teilnehmer der Umfrage. Dieser erste Teil der Online-Befragung beschäftigt sich mit der Einordnung der Unternehmen im Markt.

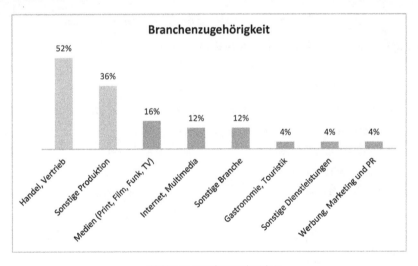

Abbildung 4: Branchenzugehörigkeit

[Quelle: eigene Darstellung]

Die erste Frage behandelte die Branchenzugehörigkeit. Ein interessanter Aspekt an der Auswertung der Branchenzugehörigkeit ist, dass 88% der teilnehmenden Unternehmen aus dem Handels- oder Produktionsgewerbe kommt. Interessant wird dieser Aspekt durch die Aussage von Wackernagel, dass jedes produzierende oder im Handel tätige Unternehmen ein PIMS haben sollte (Quelle: eigens durchgeführtes Interview).

Die Mehrzahl der teilnehmenden Unternehmen ist nach Definition der Europäischen Kommission ein mittelgroßes Unternehmen (> 250 Mitarbeiter), welches die folgende Abbildung veranschaulicht (Europäische Kommission 2013).

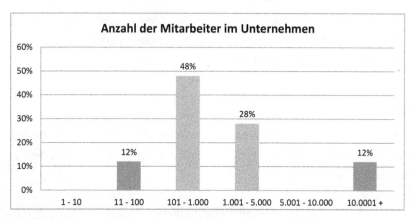

Abbildung 5: Anzahl der Mitarbeiter im Unternehmen
[Quelle: eigene Darstellung]

Weitere Informationen zur Stichprobe:

- 83% der Teilnehmer sehen sich als Marktführer oder in einer „Top Platzierung" in ihrer jeweiligen Branche im deutschsprachigen Raum.

- 42% der Teilnehmer sehen sich als Marktführer oder in einer „Top Platzierung" in ihrer jeweiligen Branche am europäischen Markt.

- 63% der Unternehmen sehen sich in ihrer jeweiligen Branche am asiatischen Markt als etabliert an.

Dies deutet bereits die Internationalität der teilnehmenden Unternehmen an, jedoch gaben die folgenden Antworten noch mehr Aufschluss auf die Frage der Internationalität der Teilnehmer. Die Teilnehmer wurden befragt, auf welchen internationalen Märkten sie, zusätzlichen zum deutschen Sprachraum (100% der Teilnehmer), aktiv sind.

Aktivitäten auf folgenden int. Märkten:

Abbildung 6: Aktivitäten auf internationalen Märkten
[Quelle: eigene Darstellung]

Die nächste Abbildung verdeutlicht, welche Medienkanäle die Unternehmen benutzen, um eigene Informationen zu publizieren. In dieser Umfrage wurde deutlich, dass der Kommunikationskanal Print so wie der Onlinekanal sehr stark genutzt wird.

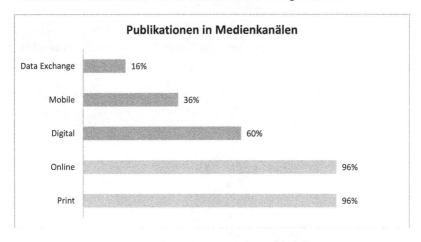

Abbildung 7: Aktivitäten auf internationalen Märkten
[Quelle: eigene Darstellung]

Zudem wurde der Teilnehmer selbst zu seiner Position im Unternehmen befragt.

- 44% der Teilnehmer sind Mitarbeiter im Unternehmen
- 20% der Teilnehmer sind Mitarbeiter in leitender Funktion
- 12% der Teilnehmer bezeichnen sich als Führungskraft

– 24% der Teilnehmer bezeichnen sich als Abteilungsleiter

– 0% der Teilnehmer sind aus der Geschäftsführung oder Inhaber der Firma

– 60% der Teilnehmer sind als IT-Experte in ihrer Firma engagiert, wovon dies allerdings 8% als Nebenaufgabe ausüben

Zudem wurde gefragt, von welchem Anbieter die Unternehmen ihr PIMS bezogen haben:

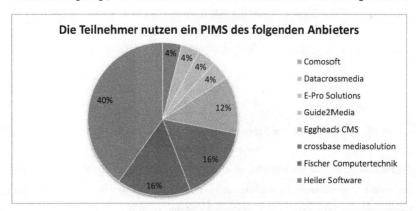

Abbildung 8: PIMS Anbieter - Anteil

[Quelle: eigene Darstellung]

Hier zeigt sich, dass ein großer Anteil der Teilnehmer ihr PIMS von der Firma Heiler Software AG bezieht.

Als nächstes wurde gefragt, wie viele Produkte im jeweiligen PIMS verwaltet werden:

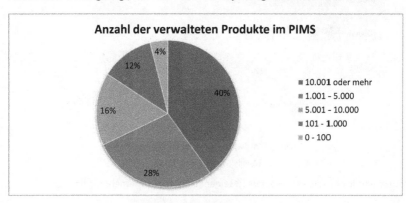

Abbildung 9: Anzahl der verwalteten Produkte

[Quelle: eigene Darstellung]

Zudem gaben folgende Antworten weitere Aufschlüsse über die Situation des Unternehmens in Bezug auf PIMS:

- 48% der Teilnehmer nutzen ein PIMS seit 5 - 8 Jahren
- 44% der Teilnehmer nutzen ein PIMS seit höchstens einem Jahr
- 8% der Teilnehmer nutzen ein PIMS seit 2 - 4 Jahren
- 8% der Teilnehmer nutzen ein PIMS seit mehr als 9 Jahren

62,5% der Teilnehmer sahen zudem eine „eher hohe" bis „hohe" Akzeptanz der Mitarbeiter bei der Einführung des PIM. Immerhin 37,5% sahen eine „eher geringe" Akzeptanz bei der Einführung.

6.2   Ergebnisverteilung

Dieses Kapitel zeigt die Kernergebnisse der Online-Befragung auf. Zum einen wird die Ergebnisverteilung präsentiert, zum anderen werden Zusammenhänge von bestimmten Aspekten der Umfrage durch eine Kreuzanalyse aufgezeigt.

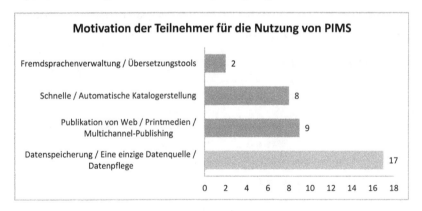

Abbildung 10: PIMS Motivation

[Quelle: eigene Darstellung]

Bei dieser Frage konnten die Teilnehmer in einem Textfeld eine freie Antwort geben, wofür das PIMS nach ihrer Meinung im Unternehmen hauptsächlich eingesetzt wird. Das überraschende Ergebnis war, dass sich die 25 unterschiedlichen Antworten in 4 Überbegriffe einordnen ließen. Dies zeigt einen Trend auf, was die Hauptnutzungsgründe für ein PIMS im Allgemein sein könnten.

Die Teilnehmer wurden außerdem zu den Einführungskosten befragt:

- 44% der Teilnehmer sagten aus, dass die vorher vom Anbieter festgelegten Einführungskosten eingehalten wurden.
- Bei 16% der Teilnehmer wurden diese gering überschritten.
- Bei weiteren 16% der Teilnehmer wurden sie erheblich überschritten.

Als mögliche Gründe für das Überschreiten der Einführungskosten gaben die Teilnehmer folgende Antworten an:

- „Hoher Klärungsbedarf, ungenügende Unterstützung"
- „Zu vertriebsorientierte Aussagen ohne Bezug zu den gestellten Anforderungen"
- „Kundenspezifische Anpassungen"
- „Heterogene Systemlandschaft; Schnittstellen zu anderen Systemen"
- „Schlechtes Projektmanagement"
- „Komplexität der abzubildenden Daten und Prozesse unterschätzt"

Die Aussagen geben einen interessanten Einblick in mögliche Kostenprobleme bei der Umsetzung eines PIMS in einem Unternehmen wieder. Bei jedem dritten Kunden wurden die Einführungskosten nicht eingehalten.

Die nächste Frage beschäftigte sich mit möglichen Problemen im Umgang mit PIMS:

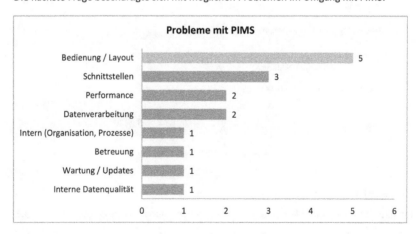

Abbildung 11: Probleme mit PIMS

[Quelle: eigene Darstellung]

Bei dieser Frage gab es erneut die Möglichkeit, in einem Textfeld eine eigene Antwort zu schreiben. Die Aussagen der Teilnehmer wurden dann bei der Auswertung Überbegriffen zugeordnet. Dabei stellte sich heraus, dass besonders viele Fehler bei der Bedienung bzw. im Layout des PIMS auftreten:

- Bedienungs- und Layout-Probleme: „Fehler, Abstürze, Bedienung unlogisch aufgebaut", „Bedienung allgemein", „komplexe Greifersprache", „Abstimmung wie die Layouts genau aussehen sollen", „Preisdarstellungen"

- Probleme mit Schnittstellen: „Schnittstellenkompatibilität", „Schnittstellen zu anderen Softwareprodukten", „IT-Schnittstellenproblematik"

- Performanceprobleme: „Performance musste nachgebessert werden", „Performance (gelöst)"

- Datenverarbeitungsprobleme: „Interne Datenqualität war schlechter als erwartet", „Bündelung der Daten"

- Sonstige Probleme: „zu viele Updates", „Die fehlerfreie Ausleitung in die Publikationskanälen", „interne Abstimmungsprobleme", „interne Verantwortungsbereitschaft", „wechselnde Projektmitglieder, dadurch keine klare Linie", „Die Verankerung der Prozesse in der Organisation", „Komplexität der abzubildenden Daten und der Prozesse unterschätzt", „unvorhergesehene Software-Konfigurationen, da der Standard nicht ausreichend ist", „Exportformate nicht ausreichend (gelöst)"

6.2.1 Befragung zu den wirtschaftlichen Vorteilen

Als nächstes wurden die Teilnehmer zu den wirtschaftlichen Vorteilen befragt, welche von den Anbietern versprochen werden.

Als erstes wurden jeweils die Vorteile genannt und um eine Einschätzung der Teilnehmer gebeten, wie sehr diese Vorteile im Unternehmen eingetroffen sind. Die Antwortmöglichkeiten variierten von „trifft gar nicht zu" bis zu „trifft voll und ganz zu", zudem gab es die Antwortmöglichkeit „keine Erfahrung".

Anschließend konnten die Teilnehmer auf der gleichen Seite der Umfrage noch qualitative Aussagen zu den jeweiligen Vorteilen machen. Es wurde hierbei nach Kennzahlen oder ähnlichen Belegen gefragt, welche das Eintreffen der Vorteile beweisen könnte.

6.2.1.1 Einschätzung der Kostenvorteile

Als erstes wurden die Teilnehmer zur Einschätzung der Kostenvorteile gebeten:

Abbildung 12: Einschätzung der Kostenvorteile

[Quelle: eigene Darstellung]

Die Ergebnisse zur Einschätzung der Kostenvorteile hatten folgende Auffälligkeiten:

- Die Kostenvorteile bei „Kommunikationsprozessen", „Mehrfachnutzung der Daten" und „Reduzierung von Fehlern" kamen zu einer Zustimmungsquote von über 60% der Teilnehmer.

- Einer „Kostenreduktion bei Printkatalogen" wird von über der Hälfte der Teilnehmer zugestimmt. 20% von den Teilnehmern urteilten, dass dies gar nicht zutreffen würde.

- Defizite gab es bei der Zustimmung zur „Reduzierung von Übersetzungskosten" und den „Verwaltungskosten für IT Daten". Nicht einmal 40% der Teilnehmer konnte hierzu eine Zustimmung erteilen. Bei den Übersetzungskosten gaben 20% der Teilnehmer an, dass dies gar nicht zutreffen würde.

- Bis zu 24% der Teilnehmer wählten „keine Erfahrung" als Antwort.

Folgende Antworten gaben die Teilnehmer zu den einzelnen Kostenvorteilen ab:

Tabelle 7: Antworten zu den Kostenvorteilen

Kostenvorteil	Antworten zu den Kostenvorteilen
Kostengünstigere Kommunikationsprozesse	— „0%" — „Katalogproduktion ohne Programmierer möglich!"

36

Kostengünstige Mehr- fachnutzung der Daten	– „Medienübergreifende Mehrfachnutzung auf jeden Fall, Kostengünstig denke ich nicht" – „-50%"
Kostenreduktion bei Printkatalogen	– „Printkatalog Einsparung 100.000" – „Kosten Preisliste - 70 %" – „Weniger Korrekturaufwand" – "Denke die Druckkosten sind wegen dem noch nicht zurückgegangen." – „-70%"
Reduzierung von Fehlern und Folgekosten	– „Bessere Datenqualität" – „-50% Durch doppelte Datenhaltung SAP HPM"
Reduzierung von Über- setzungskosten	– „Ja da Mehrfachverwendung" – „Konnten um ca. 30% gesenkt werden" – „0%"
Verwaltungskosten für IT Daten fallen weg	– „100%" – „Pflege von Produktdaten speziell für Websites / Online Shops entfällt zu 95%"

[Quelle: eigene Darstellung]

Die Ergebnisse lassen folgende Interpretation zu:

– Die hohe Zustimmungsquote von über 60% bei den ersten drei Kostenvorteilen könnte ein Indiz dafür sein, dass diese wirklich eintreffen.

– Die hohe Ablehnungsquote bei der „Kostenreduktion bei Printkatalogen" zum einen, die vielen Kommentare mit positiven, qualitativen Angaben zum anderen, deutet darauf hin, dass dieser Kostenvorteil sehr unterschiedlich eintrifft.

– Die hohe Ablehnungsquote bei den letzten beiden Kostenvorteilen deutet darauf hin, dass diese Kostenvorteile nicht den Versprechungen der Anbieter entsprechen.

– Die teilweise hohe Anzahl von Teilnehmern, die „keine Erfahrung" gewählt haben, könnte dem geschuldet sein, dass es sich zum einen bei der Mehrzahl der Teilnehmer um IT-Experten handelt, zum anderen um einfache Mitarbeiter (44% der Teilnehmer). Daher könnten fehlende Kompetenzen ein Grund dafür sein, dass diese Quote teilweise bis zu 24% erreicht. Auf der anderen Seite könnte es auch ein Indiz dafür sein, dass es keine Vorher- / Nachher-Vergleiche der Kosten gibt und schlichtweg die Kennzahlen oder die Erfahrung hierzu fehlt.

6.2.1.2 Einschätzung der Qualitätsvorteile

Als zweites wurden die Teilnehmer zur Einschätzung der Qualitätsvorteile gebeten:

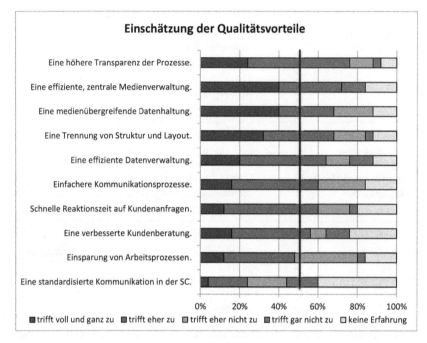

Abbildung 13: Einschätzung der Qualitätsvorteile

[Quelle: eigene Darstellung]

Die Ergebnisse zur Einschätzung der Qualitätsvorteile hatten folgende Auffälligkeiten:

– Die Qualitätsvorteile „Eine höhere Transparenz der Prozesse", „Eine effiziente, zentrale Medienverwaltung", „Eine medienübergreifende Datenhaltung", „Eine Trennung von Struktur und Layout", „Eine effiziente Datenverwaltung", „Einfachere Kommunikationsprozesse" und „Schnelle Reaktionszeit auf Kundenanfragen" erreichten mindestens 60% an positiver Zustimmung durch die Teilnehmer.

– Die Qualitätsvorteile „Einsparung von Arbeitsprozessen" und „Eine standardisierte Kommunikation in der SC" erreichen als die einzigen beiden Aspekte nicht die Marke von 50% an Zustimmung.

– „Eine standardisierte Kommunikation in der SC" erhält eine sehr geringe Zustimmung von nur 22% der Teilnehmer. Zudem wählten 40% die Antwortoption „keine Erfahrung".

Tabelle 8: Antworten zu den Qualitätsvorteilen

Qualitätsvorteil	Antworten zu den Qualitätsvorteilen
Eine höhere Transparenz der Prozesse	− „Projekte werden einzeln dokumentiert"
Eine Trennung von Struktur und Layout	− „Datenbank und Templates" − „Weniger Arbeitsaufwand"
Eine effiziente Datenverwaltung	− „Print und Web"
Schnelle Reaktionszeit auf Kundenanfragen	− „90% der elektronischen Kataloge können in weniger als drei Tagen erzeugt werden"
Eine verbesserte Kundenberatung	− „Bessere Datenqualität"
Einsparung von Arbeitsprozessen	− „Arbeitszeit ist effektiver" − „Eine Einbindung der EDV ist nicht mehr erforderlich"

[Quelle: eigene Darstellung]

Eine Universalantwort eines Teilnehmers auf alle Qualitätsvorteile war: „Im Großen und Ganzen gut, im Detail liegt hier der Aufwand und die Probleme".

Die Ergebnisse lassen folgende Interpretation zu:

- Die hohe Zustimmungsquote von über 60% bei den ersten sieben Qualitätsvorteilen könnte ein Indiz dafür sein, dass diese wirklich eintreffen.

- Die teilweise hohe Anzahl von Teilnehmern, die „keine Erfahrung" gewählt haben, könnte erneut dem geschuldet sein, dass es sich zum einen bei der Mehrzahl der Teilnehmer um IT-Experten handelt, zum anderen um einfache Mitarbeiter (44% der Teilnehmer). Daher könnten fehlende Kompetenzen ein Grund dafür sein, dass diese Quote teilweise bis zu 40% erreicht.

 Auf der anderen Seite könnte es ein Indiz dafür sein, dass ein Vorher- / Nachher-Vergleich der Qualitätsmerkmale schwierig zu erfassen ist, schlichtweg die Kennzahlen oder die Erfahrung zu einer Beurteilung fehlen oder die Formulierung zu Abstrakt war.

- Die hohe Ablehnungsquote bei „Eine standardisierte Kommunikation in der SC" (45%) deutet darauf hin, dass die Unternehmen mit diesem Qualitätsmerkmal nicht zufrieden sind.

6.2.1.3 Einschätzung der Umsatzvorteile

Als drittes wurden die Teilnehmer zur Einschätzung der Umsatzvorteile gebeten:

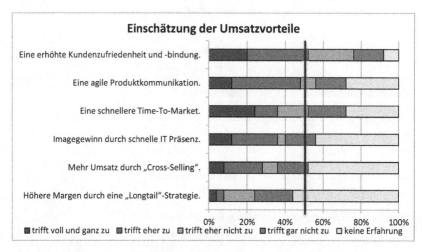

Abbildung 14: Einschätzung der Umsatzvorteile

[Quelle: eigene Darstellung]

Die Ergebnisse zur Einschätzung der Umsatzvorteile hatten folgende Auffälligkeiten:

— Kein einziger Umsatzvorteil erreichte eine Zustimmungsquote von 60%.

— Als einziges Merkmal erreichte „Eine erhöhte Kundenzufriedenheit und -bindung" die 50% Zustimmungsmarke.

— Die Ablehnungsquote mit der Antwortoption „trifft gar nicht zu" erreichte bei jedem Merkmal zwischen 18 und 24 Prozent.

— „Höhere Margen durch eine „Longtail"-Strategie" erreichte eine Zustimmungsquote von nur 10%. Zudem wurde hier die Antwortoption „keine Erfahrung" von 48% der Teilnehmer gewählt.

Tabelle 9: Antworten zu den Umsatzvorteilen

Umsatzvorteil	Antworten zu den Umsatzvorteilen
Eine erhöhte Kundenzufriedenheit und -bindung	— „Kundenzufriedenheit ja, Kundenbindung nicht möglich" — „Durch schnelle Produktion elektronischer Kataloge"

[Quelle: eigene Darstellung]

Zu den weiteren Umsatzvorteilen wurden keine Antworten abgegeben.

Die Ergebnisse lassen folgende Interpretation zu:

- Die geringen Zustimmungsquoten und die hohe Ablehnungsquote (immer mind. 18% - 24%) könnten darauf hindeuten, dass PIM-Systeme nur in geringem Ausmaß einen Wertschöpfungsbeitrag leisten können und die Versprechen der Anbieter in Bezug auf die Umsatzvorteile nicht eingehalten werden.

- Die sehr hohe Anzahl von Teilnehmern, die „keine Erfahrung" gewählt haben, könnte erneut dem geschuldet sein, dass es sich zum einen bei der Mehrzahl der Teilnehmer um IT-Experten handelt, zum anderen um einfache Mitarbeiter (44% der Teilnehmer). Daher könnten fehlende Kompetenzen ein Grund dafür sein, dass diese Quote teilweise bis zu 40% erreicht.

Auf der anderen Seite könnte es ein Indiz dafür sein, dass...

- o ein Vorher- / Nachher-Vergleich der Umsatzmerkmale schwierig zu erfassen ist,

- o schlichtweg die Kennzahlen oder die Erfahrung zu einer Beurteilung fehlen,

- o die Formulierung zu Abstrakt war (z.B. Longtail-Strategie)

- o oder das PIMS hierfür nicht vorgesehen ist und daher nicht bewertet werden kann.

6.2.2 Kennzahlen oder Einschätzungen als Basis

Nachdem die Teilnehmer alle Fragen zu den Vorteilen eines PIMS beantwortet hatten, wurde ihnen diese Frage gestellt:

„Basierten nun Ihre Aussagen in Bezug auf die Wirtschaftlichkeit von PIMS überwiegend eher auf vorlegbaren Kennzahlen oder auf Ihren fundierten Einschätzungen, das heißt subjektive Einschätzung aber ohne Quantifizierung?"

- Hier wählten 80% der Teilnehmer aus, dass die eigenen Aussagen „überwiegend subjektive Einschätzungen" sind.

- Gerade einmal 8% der Teilnehmer wählten „überwiegend nachweisbare Kennzahlen" als Antwort aus.

- 12% der Teilnehmer gab hierzu keine Angabe ab.

Das Ergebnis lässt folgende Interpretation zu:

- Der hohe Anteil an Teilnehmern, die nur subjektive Einschätzungen abgeben konnten, spiegelt sich in den seltenen Kommentaren zu den einzelnen Vorteilsaspekten wieder. Zudem könnte es ein Indiz dafür sein, dass die Unternehmen keinen Vorher- / Nachher-Vergleich anstellen, um die einzelnen Vorteile mit Kennzahlen belegen zu können.

- Es könnte erneut dem geschuldet sein, dass es sich zum einen bei der Mehrzahl der Teilnehmer um IT-Experten handelt, zum anderen um einfache Mitarbeiter (44% der Teilnehmer).

- Die Ursache für das Fehlen von Kennzahlen könnte zudem andeuten, dass Unternehmen den Versprechen der Anbieter blind vertrauen und daher keinen zusätzlichen Aufwand unternehmen wollen, um die Vorteile im Nachhinein tatsächlich belegen zu können. Dieser zusätzliche Aufwand wäre vermutlich erneut mit großem Aufwand verbunden.

6.2.3 Zufriedenheit mit PIMS

Zum Schluss der Online-Befragung wurden die Teilnehmer zu ihrer Zufriedenheit mit dem PIMS befragt:

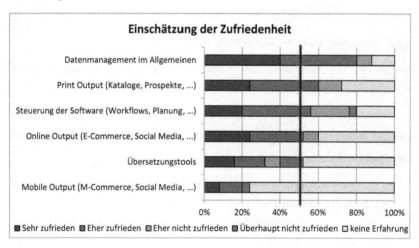

Abbildung 15: Einschätzung der Zufriedenheit

[Quelle: eigene Darstellung]

Die Ergebnisse zur Einschätzung der Zufriedenheit hatten folgende Auffälligkeiten:

- Die Teilnehmer gaben eine hohe Zufriedenheit mit dem „Datenmanagement im Allgemeinen" an (80% der Teilnehmer).

- Mindestens 50% der Teilnehmer gaben an, mit „Print Output", „Steuerung der Software" und „Online Output" zufrieden zu sein.

- Mit den „Übersetzungstools" sind 14% der Teilnehmer „überhaupt nicht zufrieden", zudem sind 21% der Teilnehmer „eher nicht zufrieden" mit der „Steuerung der Software".

- Die Antwortoption „keine Erfahrung" erreichte eine Quote von bis zu 68% der Teilnehmer.

Die Ergebnisse lassen folgende Interpretation zu:

- Die geringen Ablehnungsquoten (bis auf bei „Steuerung der Software") und die hohen Zustimmungsquoten bei den ersten vier Aspekten lassen eine hohe Zufriedenheit der Unternehmen mit PIM-Systemen annehmen.

  Zudem deuten die vielen „keine Erfahrung"-Antworten darauf hin, dass die Unternehmen die jeweiligen Features des PIMS nicht benutzen. (Es könnte aber auch erneut am Hintergrund der Stichprobe liegen.)

- Die etwas höheren Ablehnungsquoten bei „Steuern der Software" und „Übersetzungstools" könnten ein Indiz dafür sein, dass die Anbieter bei diesen Aspekten noch nachbessern müssen, um eine höhere Zufriedenheit bei den Kunden zu erreichen.

6.2.4 Kreuzanalyse

Eine Kreuzanalyse der Ergebnisse der Online-Befragung erfolgte mit der Software SPSS von IBM, um mögliche Zusammenhänge aufzeigen zu können. Aufgrund der Größe der Stichprobe war dies aber nur bedingt möglich. Bei einer Größenordnung von 25 Teilnehmern sind solche Zusammenhänge statistisch nicht signifikant, sie können jedoch zumindest als ein Indiz dienen.

Folgende Zusammenhänge wiesen die höchste Signifikanz auf:

- 76,9% der Unternehmen aus der Branche „Handel und Vertrieb" sagen, dass der Kostenvorteil „Kostengünstige und medienübergreifende Mehrfachnutzung der Daten" zutrifft. (Kreuztabelle siehe Anhang E, Abbildung 30)

- 38,4% der Unternehmen aus der Branche „Handel und Vertrieb" sagen, dass der Qualitätsvorteil „Standardisierte Kommunikation in der Supply Chain" eher nicht zutrifft. (Kreuztabelle siehe Anhang E, Abbildung 31)

- 84,6% der Unternehmen aus der Branche „Handel und Vertrieb" gaben an, dass die eigenen Beurteilungen der wirtschaftlichen Vorteile auf „überwiegend subjektiven Einschätzungen" basieren. (Kreuztabelle siehe Anhang E, Abbildung 32)

- 66,7% der Unternehmen aus der Branche „sonstige Produktion" gaben an, dass die eigenen Beurteilungen der wirtschaftlichen Vorteile auf „überwiegend subjektiven Einschätzungen" basieren. (Kreuztabelle siehe Anhang E, Abbildung 33)

- 46,2% der Unternehmen aus der Branche „Handel und Vertrieb" lehnten den Umsatzvorteil „Eine schnellere Time-To-Market" als mindestens eher nicht zutreffend ab. (Kreuztabelle siehe Anhang E, Abbildung 34)

- 53,9% der Unternehmen aus der Branche „Handel und Vertrieb" lehnten den Kostenvorteil „Eine Reduzierung von Übersetzungskosten" als mindestens eher nicht zutreffend ab. (Kreuztabelle siehe Anhang E, Abbildung 35)

Zusätzlich lassen die Ergebnisse folgende Interpretation zu:

- Dass 38,4% der Unternehmen aus der Branche „Handel und Vertrieb" sagen, dass der Qualitätsvorteil „Standardisierte Kommunikation in der Supply Chain" eher nicht zutrifft, kann als Indiz dafür gewertet werden, dass dieser Vorteil nicht zutrifft. Unternehmen aus dieser Branche haben definitiv eine Supply Chain und können diesen Aspekt daher bewerten.

- Dass 46,2% der Unternehmen aus der Branche „Handel und Vertrieb" den Umsatzvorteil „Eine schnellere Time-To-Market" als mindestens eher nicht zutreffend ablehnen, deutet an, dass dieser Vorteil erneut nicht zutrifft. Gerade Unternehmen aus dieser Branche sammeln viele Erfahrungen auf dem Vertriebskanal und können daher beurteilen, ob eine schnellere Time-To-Market eintritt oder nicht.

6.3   Gesamtinterpretation

6.3.1   Zusammenfassung der Interpretationen

Die Ergebnisse der Online-Befragung lassen folgende Gesamtinterpretation zu:

- Allgemein: Die sehr hohe Anzahl von Teilnehmern, die „keine Erfahrung" gewählt hat, könnte folgenden Ursachen geschuldet sein:

  o Die Mehrzahl der Teilnehmer sind IT-Experten, wonach die Konsequenz das Fehlen von diversen Kompetenzen sein könnte.

  o Ein Vorher- / Nachher-Vergleich der Merkmale ist schwierig zu erfassen aufgrund der stark vereinfachten oder stark veränderten Prozesse.

  o Die Kennzahlen oder die Erfahrung zu einer Beurteilung fehlen.

  o Die Formulierung der Fragestellung war zu Abstrakt.

  o Das PIMS ist hierfür nicht vorgesehen und kann daher nicht für das Merkmal bewertet werden. Das Unternehmen nutzt somit evtl. das jeweilige Feature nicht aus.

- Zusammenfassung der Interpretation zu den Kostenvorteilen:

  o Die Vorteile „Kostengünstigere Kommunikationsprozesse", „Kostengünstige Mehrfachnutzung der Daten" und „Kostenreduktion bei Printkatalogen" treten vermutlich ein.

  o Bei den Vorteilen „Reduzierung von Übersetzungskosten" und „Verwaltungskosten für IT Daten fallen weg" müssen die Anbieter vermutlich ihr Angebot optimieren und gegebenenfalls Fehler ausbessern.

- Zusammenfassung der Interpretation zu den Qualitätsvorteilen:

  o Die Vorteile „Eine höhere Transparenz der Prozesse", „Eine effiziente, zentrale Medienverwaltung", „Eine medienübergreifende Datenhaltung", „Eine Trennung von Struktur und Layout", „Eine effiziente Datenverwaltung", „Einfachere Kommunikationsprozesse" und „Schnelle Reaktionszeit auf Kundenanfragen" treten vermutlich ein.

  o Bei dem Vorteil „Eine standardisierte Kommunikation in der SC" müssen die Anbieter vermutlich ihr Angebot optimieren und gegebenenfalls Fehler ausbessern.

– Zusammenfassung der Interpretation zu den Umsatzvorteilen:

o Die geringen Zustimmungsquoten und die hohe Ablehnungsquote könnten darauf hindeuten, dass PIM-Systeme nur in geringem Ausmaß einen Wertschöpfungsbeitrag leisten können und die Versprechen der Anbieter in Bezug auf die Umsatzvorteile nicht eingehalten werden.

– Zusammenfassung der Interpretation zur Zufriedenheit:

o Bei den Aspekten „Steuerung der Software" und „Übersetzungstools" müssen die Anbieter vermutlich ihr Angebot optimieren und gegebenenfalls Fehler ausbessern, um eine höhere Zufriedenheit zu erreichen.

o Die hohen Zustimmungsquoten bei „Datenmanagement im Allgemeinen", „Print Output", „Steuerung der Software" und „Online Output" lassen eine hohe Zufriedenheit der Unternehmen mit PIM-Systemen annehmen.

6.3.2 Probleme mit PIMS

Zusätzlich zu den aufzeigten Problemen der Teilnehmer soll die folgende Tabelle Problemstellungen mit PIMS aufzeigen:

Tabelle 10: Problemstellungen in den Firmen

Problemstellungen und Folgen
Problem: Unternehmen halten Produktinformationen in unterschiedlichen Informationssystemen von ERP-Systemen über CAD- und spezialisierte PIM-Systeme bis hin zu einfachen Verzeichnisstrukturen. **Folge:** Produktinformationen liegen in keinem System vollständig vor und werden redundant gehalten; Synonyme und Homonyme existieren; Pflege und Nutzung der Informationen ist aufwendig und fehleranfällig. (Osl und Otto 2007, S. 36)
Problem: Verantwortlichkeiten für Produktinformationen sind nicht bereichsübergreifend geregelt, sondern jeder Fachbereich pflegt lediglich die für seine Aufgaben relevanten Informationen. **Folge:** Durchgängiges Prozessmanagement für die Erfassung, Pflege und Bereitstellung von Produktinformationen unmöglich. (Osl und Otto 2007, S. 36)
Problem: Betriebswirtschaftlicher Nutzen von PIM ist nicht transparent. Ansätze zur Identifikation und Bewertung der wesentlichen Nutzentreiber existieren(Lucas-Nülle 2005), umfassen aber lediglich einzelne Ausschnitte der gesamten Managementaufgabe eines PIM. (Osl und Otto 2007, S. 36)
Problem: Bewertung der Nutzenpotentiale schwierig. Lediglich zwei Unternehmen konnten quantitative Angaben für einzelne Nutzenpotentiale machen (Aus einer empirischen Untersuchung von 29 Unternehmen der Konsumgüter- (Non-Food) und Pharmabranche (Osl 2007).

[Quelle: eigene Darstellung]

In einem Telefoninterview mit Alexa Wackernagel am 01.02.2013 wurde zudem auf folgende Problemstellungen aufmerksam gemacht, die auf der Meinung und den Erfahrungen von Frau Wackernagel beruhen:

- „Die PIMS Branche ist intransparent und es ist schwer jemanden neutrales für eine Beratung zu finden."
- „Das Problem ist der Vergleich von Vorher zu Nachher. Die Unternehmen haben die Zahlen (Aufwand Vorher: Prozesse manuell gegenüber Aufwand Nachher: Prozesse nach ein paar Jahren mit PIMS) meist gar nicht. Das ist ein großes Problem!"
- „Ein großes Problem von der Prozessseite her: Große PIM Lösungen greifen tief in die Unternehmensorganisation ein, woran viele Kundenprojekte scheitern."
- „Datenübernahme der alten Daten, z.b. aus einem ERP-System, erfordert mehr Aufwand und damit mehr Ressourcen als vorher angenommen."
- „Die automatische Übersetzung fällt weg wenn die Texte sich ständig ändern, was oft der Fall ist. Stammdaten können aber mehrfach verwendet werden und hierfür eignet sich das Übersetzungstool gut.

6.3.3 Eigene Interpretation

Die Ergebnisse der Umfrage lassen das Fazit zu, dass PIM-Systeme vermutlich zu einer Effizienzsteigerung im Unternehmen verhelfen können. Des Weiteren gibt es Indizien dafür, dass Kosteneinsparungen durch die Einführung eines PIMS ermöglicht werden.

Allerdings ist der Wertschöpfungsvorteil eines PIMS vermutlich geringer, als er von den Anbietern propagiert wird. Ein PIMS ermöglicht sicherlich einen Wertschöpfungsvorteil durch Ressourceneinsparung. Allerdings gibt es Indizien dafür, dass Wertschöpfungsvorteile, wie z.B. eine Umsatzerhöhung, eher unwahrscheinlich sind.

Man könnte also sagen, dass Produktinformations-Management-Systeme noch nicht die letzte „Evaluationsstufe" einer Software erreicht haben. Man könnte die Stufen für eine Software wie folgt festlegen:

1. Erfüllen der versprochenen Leistungen und Funktionen
2. Mehrwert für das Unternehmen durch Ressourceneinsparungen
3. Generierung ein wahren Mehrwerts für das Unternehmen (z.B. Umsatzwachstum)

PIMS scheint die versprochenen Funktionen und Features größtenteils zu erfüllen, was mit der Zufriedenheit der Teilnehmer belegt werden kann. Somit ist die erste Stufe erreicht.

Durch das Erfüllen der ersten Stufe kann die zweite Stufe erreicht werden. PIMS scheint den Unternehmen Ressourceneinsparungen zu ermöglichen, wie die Ergebnisse der Befragung zu den Kostenvorteilen und die diversen Kennzahlen von Teilnehmern andeuten. Eine erhöhte Effektivität und Effizienz wird den Unternehmen somit scheinbar ermöglicht.

Die dritte Stufe wäre nun von der zweiten Stufe aus erreichbar, allerdings hat es wenige Indizien dafür, dass dies bereits der Fall wäre. Wie man bei den Ergebnissen zu den Umsatzvorteilen sehen kann, fehlt den Kunden also ein wahrer Mehrwert im Sinne einer Generierung von mehr Umsatz durch das PIM-System.

Es muss kein Nachteil sein, dass PIMS die letzte Evaluationsstufe noch nicht erreicht hat. Allerdings sollten dann dazu keine Versprechungen in diese Richtung propagiert werden.

7 Ausblick und Implikationen

Als Ausblick gibt es noch eine kritische Betrachtung der eigenen Vorgehensweise.

Eine Umfrage zu solch einem Thema ist vermutlich noch sinnvoller, wenn diese in einem größeren Stil durchgeführt werden könnte. Eine größere Stichprobe ist nötig, um signifikante Ergebnisse zu bekommen. Um mehr Unternehmen als Teilnehmer für eine Befragung zu gewinnen, bedarf es einem sehr großen Aufwand, den man in einer Bachelorarbeit vermutlich nicht bewältigen kann. Dennoch zeigte die Stichprobe von 25 Unternehmen bereits interessante Aspekte auf.

Als mögliche Implikation für ein ähnliches Vorgehen in einem anderen Themengebiet, schlage ich vor, sich mehr auf Experteninterviews zu konzentrieren. So gibt es die Möglichkeit, an qualitative Informationen zu kommen ohne eine große Quantität aufweisen zu müssen. Dies ermöglicht evtl. mehr Zeit, um noch mehr in die Tiefe eines Themengebiets vordringen zu können.

Weitere, interessante Fragestellungen zu diesem Themengebiet wären sicherlich die Forschung zu der Generierung eines Mehrwerts durch PIMS. Was müssen die PIMS-Anbieter ändern, damit ein PIMS einen Mehrwert generieren kann?

Weitere Aspekte zum Erforschen wäre der PIMS-Markt. Warum ist der Markt so intransparent? Teilen sich die großen Unternehmen den Markt unter sich auf? Warum gibt es so wenige wissenschaftliche Untersuchungen zu diesem Thema?

Das Thema PIMS liefert also noch weitere interessante Fragestellungen, welche ein Wissensdesiderat aufweisen.

Literaturverzeichnis

Arvato (2013): softkat - Katalogerstellung, Katalog Software, Produktinformationsmanagement, Web Content Management, Webshop Software - softkat. Online verfügbar unter http://www.softkat.de/content/softkat.html, zuletzt geprüft am 25.01.2013.

Axel Springer Media Impact (2011): TrendTopic - E-Commerce. Axel Springer AG Marktanalyse, S. 1–10. Online verfügbar unter http://www.axelspringer-mediapilot.de/branchenberichte/Einzelhandel-Einzelhandel_703139.html?beitrag_id=459953, zuletzt geprüft am 13.12.2012.

Blaser, Jürg E.; Incony AG (2013): PIM-Software: Definition eines Product-Information-Management Systems. Online verfügbar unter http://www.incony.de/service/glossar/p/pim-system/, zuletzt geprüft am 25.01.2013.

BMK (2013): Pressetext zur PIM-Studie 2009: Produktkommunikation als Schlüssel zum Erfolg für die Märkte der Zukunft. BMK. Online verfügbar unter http://www.bmk-online.de/pim-studie/pressetext.html, zuletzt geprüft am 25.01.2013.

ConMoto Consulting Group (2013): Steigende Rohstoff- und Energiepreise erhöhen Kostendruck. Online verfügbar unter http://www.conmoto.de/steigende-rohstoff-und-energiepreise-erhohen-kostendruck/, zuletzt geprüft am 23.01.2013.

crossbase mediasolution GmbH (2013): Der Weg zur corssmedialen und marktspezifischen Produktkommunikation. PIMS-Broschüre.

Dr. Koetter, Erich (2009): PIM-Studie 2009 Produktkommunikation als Schlüssel zum Erfolg für die Märkte der Zukunft. Leseprobe. Online verfügbar unter http://www.f-mp.de/res/Expertenthemen/PIM/PIM-Leseprobe.pdf, zuletzt aktualisiert am 30.06.2009, zuletzt geprüft am 25.01.2013.

Dr. Koetter, Erich; Abrao, Amiru (2011): Whitepaper: Besser handeln. Die Bedeutung von Product-Information-Management für produzierende und Handel treibende Unternehmen., S. 1–20. Online verfügbar unter http://www.b2b-shopsysteme.de/pim-whitepaper/.

Dudenverlag, Trendbüro (2013): Definition: crossmedial. Trendbüro Dudenverlag. Online verfügbar unter http://szenesprachenwiki.de/definition/crossmedial/, zuletzt geprüft am 23.01.2013.

Europäische Kommission (2013): Die neue KMU-Definition. Benutzerhandbuch und Mustererklärung, zuletzt geprüft am 12.03.2013.

Helbig, Axel (2012): Viele Kanäle - Eine Quelle. Effizienter Vertrieb dank einheitlicher Datenpflege. In: *prokom report - Das Produktkulturmagazin* 7 (1), S. 47–48.

Joachim, Stefan (2012): Die Chance in der Datenflut. Wie die Unternehmensstrategie von strukturierten Datenmengen profitiert. In: *prokom report - Das Produktkulturmagazin* (4), S. 80–81.

Kagermann, Henning; Österle, Hubert (2006): Geschäftsmodelle 2010. Wie CEOs Unternehmen transformieren. Frankfurt am Main: Frankfurter Allgem. Buch.

Kahyaoglu, Temel; Lucas-Nülle, Thomas (Hg.) (2012): Big in Data. Was bin ich Wert? Das für und Wider des Datensammelns. *prokom-REPORT - Das Produktkulturmagazin 7* (4). Göttingen: prokom-REPORT.

Lucas-Nülle, Thomas (2005): Product Information Management in Deutschland. Marktstudie 2005. 11, 1. Aufl. Mammendorf: Pro-Literatur-Verl. Mayer-Scholz.

Marcant, Christophe (2011): Product Information Management: Definition, Purpose, and Offering, zuletzt geprüft am 25.01.2013.

Möller, Jonathan (2012): Erfolg auf allen Kanälen. Was Führungskräfte über das Multi Channel Business wissen müssen. In: *prokom report - Das Produktkulturmagazin 7* (1), S. 62–63.

Noack, Claus (2006): Informationen über Produkte und Dienstleistungen und Produktinformationsmanagement in Unternehmen. Online verfügbar unter http://www.cognitas.de/fileadmin/upload/pdf/Vortraege/vortrag_tekom_studie.pdf, zuletzt aktualisiert am 13.11.2006, zuletzt geprüft am 25.01.2013.

Osl, Phillip (2007): Produktinformations-Management (PIM). Stand der Praxis. Ergebnis-Darstellung einer empirischen Untersuchung in Produktions- und Handelsunternehmen aus Konsumgüterindustrie (Non-Food) und Pharma, zuletzt geprüft am 28.02.2013.

Osl, Phillip; Otto, Boris (2007): Framework für die Nutzenargumentation des Produktinformationsmanagements. HMD Praxis der Wirtschaftsinformatik, Band 258. In: *Enterprise Content Management* (258), S. 35–44.

SOKO GmbH: Multibase PIM System 2013, zuletzt geprüft am 19.03.2013.

Thomson, J. (2006): A Guide to PIM Investment Strategies in the European Manufacturing Insights.

Wackernagel, Alexa (2012): PIM Cook. Produkt-Informations-Management als Küchenexperiment oder warum eine Kartoffel medienneutral ist. Online verfügbar unter http://www.pimcook.de/pim_cook.pdf, zuletzt geprüft am 13.12.2012.

Wikipedia (Hg.) (2013a): Clusteranalyse. Online verfügbar unter http://de.wikipedia.org/w/index.php?oldid=113786141, zuletzt aktualisiert am 19.02.2013, zuletzt geprüft am 27.02.2013.

Wikipedia (Hg.) (2013b): Google Scholar. Online verfügbar unter http://de.wikipedia.org/w/index.php?oldid=112979096, zuletzt aktualisiert am 15.01.2013, zuletzt geprüft am 23.01.2013.

Wollner, Birgit (2012): Big (in) data. Antworten eines Experten auf die steigende Datenflut. In: *prokom report - Das Produktkulturmagazin* (4), S. 60–61.

Anhangsverzeichnis

Anhang A

Wer erstellt/entwickelt?	Geschäfts-führung	Marketing	Unternehmens-kommunikation/ Public Relation	Forschung / Entwicklung	Montage / Montageplanung / Produktion	Vertrieb / Sales	Service / Kundendienst / After Sales	Schulung / Training	Qualitätssicherung Qualitätsmanagement	IT-Service
	26	17	7	12	7	17	10	10	10	6
Kundenpräsentationen über das Produkt / Dienstleistung	73,1%	52,9%	42,9%	16,7%	14,3%	70,6%	40,0%	70,0%	30,0%	0,0%
Marketingmaterial / werbliche Informationen / Prospekte	38,5%	47,1%	57,1%	0,0%	0,0%	70,6%	0,0%	30,0%	10,0%	0,0%
Presseinformationen zum Produkt / Dienstleistung	38,5%	52,9%	42,9%	0,0%	0,0%	35,3%	0,0%	30,0%	0,0%	0,0%
Kundenprobleme mit dem Produkt / Dienstleistung	7,7%	0,0%	0,0%	8,3%	14,3%	17,6%	40,0%	20,0%	30,0%	16,7%
Vertragsunterlagen zum Produkt / Dienstleistung	50,0%	11,8%	0,0%	16,7%	0,0%	58,8%	40,0%	10,0%	10,0%	0,0%
Qualitätsdokumentationen zum Produkt / Dienstleistung	23,1%	0,0%	14,3%	8,3%	42,9%	23,5%	20,0%	0,0%	50,0%	33,3%
Produktspezifikationen	30,8%	23,5%	14,3%	58,3%	57,1%	35,3%	20,0%	30,0%	30,0%	0,0%
Bedienungsanleitungen	15,4%	5,9%	14,3%	0,0%	28,6%	11,8%	50,0%	20,0%	10,0%	33,3%
Wartungsdokumentation / Instandhaltungs-informationen	19,2%	5,9%	0,0%	8,3%	28,6%	5,9%	70,0%	30,0%	20,0%	16,7%
Serviceanleitungen / Serviceinformationen	7,7%	11,8%	14,3%	8,3%	0,0%	0,0%	70,0%	30,0%	10,0%	16,7%
Reparaturanleitungen	7,7%	0,0%	0,0%	8,3%	28,6%	5,9%	50,0%	10,0%	0,0%	0,0%
Stücklisten / Ersatzteilkataloge	0,0%	5,9%	0,0%	33,3%	28,6%	5,9%	60,0%	10,0%	0,0%	0,0%
Montageanleitungen / Montagepläne	11,5%	0,0%	0,0%	25,0%	28,6%	0,0%	40,0%	20,0%	10,0%	0,0%
Produktkataloge	7,7%	11,8%	14,3%	0,0%	0,0%	41,2%	10,0%	20,0%	0,0%	16,7%
Datenblätter zum Produkt	11,5%	29,4%	14,3%	16,7%	42,9%	23,5%	20,0%	50,0%	30,0%	16,7%
Online-Hilfen zum Produkt	11,5%	5,9%	0,0%	0,0%	14,3%	29,4%	20,0%	20,0%	20,0%	16,7%
Produktinformationsblätter für Pre-Sales	30,8%	23,5%	0,0%	16,7%	14,3%	35,3%	10,0%	10,0%	30,0%	0,0%
Informationen zum Produkt-Releasewechsel	3,8%	5,9%	0,0%	8,3%	0,0%	11,8%	20,0%	10,0%	10,0%	16,7%
CAD-Grafiken / 3 D-Modelle zum Produkt	0,0%	0,0%	0,0%	41,7%	0,0%	0,0%	10,0%	20,0%	10,0%	0,0%
Bilder- / Grafiken zum Produkt	19,2%	52,9%	28,6%	8,3%	28,6%	35,3%	0,0%	30,0%	30,0%	0,0%
Schulungs- und Trainingsinformationen zum Produkt	11,5%	11,8%	42,9%	0,0%	14,3%	17,6%	40,0%	70,0%	20,0%	16,7%
Multimedia-Simulationsprogramme zum Produkt	19,2%	11,8%	28,6%	8,3%	0,0%	5,9%	0,0%	40,0%	0,0%	0,0%
Verfahrensanweisungen	7,7%	0,0%	0,0%	8,3%	28,6%	5,9%	30,0%	20,0%	40,0%	33,3%
Prozessdokumentation zur Produktentwicklung	11,5%	0,0%	0,0%	25,0%	0,0%	0,0%	0,0%	0,0%	50,0%	66,7%
Zulieferdokumentation	3,8%	0,0%	0,0%	25,0%	0,0%	0,0%	10,0%	10,0%	20,0%	0,0%
Softwaredokumentation	3,8%	5,9%	0,0%	25,0%	14,3%	29,4%	10,0%	10,0%	20,0%	50,0%

Abbildung 16: Verschiedene Quellen von Produktinformationen
[Quelle: (Noack 2006, S. 13-14)]

Anhang B

Anhang B befindet sich auf den folgenden zwei Seiten.

Framework für die PIM-Nutzenargumentation

(Spaltenköpfe = externer Treiber, Zeilenköpfe = interner Treiber)

	Kooperationen	Geschwindigkeit (Time-to-Market)	(Neue) Kundenbedürfnisse	Kostendruck	Globalisierung	Rechtl. Aspekte und Regulatorien	Konsolidierung (z.B. nach M&A)	Neue Technologien
Vertrieb und Marketing	Elektronischer Datenaustausch → weniger Fehler in Kooperationsabläufen mit Kunden und/oder Vertriebspartnern (weniger Fehllieferungen, weniger Fehler in der Rechnungstellung) → Outsourcing (Q → K / U)	Beschleunigung und Automatisierung der Publikationserstellung (Z → K); Schnellere Übersetzung der Produktinformation (Z → K / Q → U)	Individuelle Bedienung der Kunden mit Produktinformationen (Q → U); Printing-on-Demand (Q); Zusätzliche Vertriebskonzepte (z.B. VMI) (U); Zusätzliche Vertriebskanäle (U); Mehr Zeit für Kundenbetreuung durch Wegfall von Routinetätigkeiten (Q → U)	Reduktion externer Kosten bei Publikationserstellung (K); Selfservice des Kunden (K); Bessere Liefertreue → Vermeidung von konventionalstrafen (K); Weniger Fehllierungen(K); Weniger Fehler in der Rechnungstellung (K); Weniger Aufwand für Datenrecherche (Z → K)	Schnellere Übersetzung der Produktinformationen (Z → K) → Erschließung neuer Geschäftsfelder (U)	Vermeidung von Bußgeldern (K); Bessere Reputation des Unternehmens (Q → U)	Konsistente Auszeichnung und Kommunikation der Produktinformationen gegenüber dem Kunden (Q → U)	
Beschaffung	Elektronischer Datenaustausch → weniger Fehler in Kooperationsabläufen → Outsourcing (Q / Z → K)	Beschleunigung und Automatisierung von Beschaffungsprozessen → (Z → K)		Günstigere Einkaufspreise (K); Weniger Fehlbestellungen (K); Basis für automatisierte Beschaffung (Z → K)	Transparenz über globalen Beschaffungsmarkt dank elektronischer Produktkataloge (K / Q)	Unterstützung durch gängige Herkunftsdokumentation (Q → K / U)	Transparenz über Gesamtbedarf zugekaufter Komponenten → günstigere Einkaufspreise (K)	
Produktion	Weniger Fehler in Kooperationsabläufen → Outsourcing (Q / Z → K); Flexible Auslastung von Produktionsstätten (Z → K)	Bessere Maschinenauslastung (Z → K) Schnellere Identifikation möglicher Ersatzmaschinen (Z → K)	Höhere Produktqualität durch laufende Qualitätskontrollen (Q → U / K)	Flexible Auslastung von Produktionsstätten (Z → K); Bessere Maschinenauslastung (Z → K); Laufende Qualitätskontrolle (Q → K); Schnellere Identifikation möglicher Ersatzmaschinen (Z → K); Schnellere Identifikation alternativer Bauteile (Z → K); Einheitliche Stücklisten, Baupläne etc. (Z / Q → K)	Flexible Auslastung von Produktionsstätten (Z → K)	Unterstützung für durchgängige Verwendungsnachweis (Q → K / U)		
Lagerhaltung	Elektronischer Datenaustausch → weniger Fehler in Kooperationsabläufen → Outsourcing (Q / Z → K)			Schnelleres Erkennen und Ausscheiden nicht mehr benötigter Altbestände (K); Optimierte Platzierung (K); Genauere Disposition (Z → K); Weniger Korrekturen infolge Fehlbeständen (K); Weniger Out-of-Stocks (U)		Unterstützung durch gängige Herkunftsdokumentation (Q → K / U)		Unterstützung für RFID Anwendung (Z / Q → K)

Finanzen u. Reporting	Elektronischer Datenaustausch → weniger Fehler in Kooperationsabläufen für bereichsübergreifendes Reporting (Q / Z → K)	Schnellere und zuverlässigere Entscheidungen (Z / Q → K)	Höhere Transparenz und schnellere Verfügbarkeit der Finanzinformationen, individuelle Auswertung und Berichte (Q / Z → K)	Weniger Aufwand für Datenrecherche → Beschleunigung des Berichtswesens (Z → K); Automatisierung des Berichtswesens (Z → K)		Einhaltung von Rechnungslegungs- und Bilanzierungsregeln (z.B. IFRS, US-GAAP) (Q → K / U)	Unternehmensbereichsübergreifende Transparenz (Q / Z → K)
Forschung u. Entwicklung	Kooperative Forschung und Entwicklung (Z → Q → U, K)	Kürzere Entwicklungszeiten durch transparente Ausgangslage und Wiederverwendung von Komponenten (Z → K)	Raschere Reaktion auf Kundenbedürfnisse (Z → Q → U)	Weniger Aufwand für Datenrecherche (Z → K); Wiederverwendung von Komponenten (Z → K)		Unterstützung der Dokumentation in der Produktentstehungsphase (Q → K / U)	
Service	Elektronischer Datenaustausch → weniger Fehler und eine hohe Datenverfügbarkeit beim Kooperationspartner → Outsourcing (Q / Z → K)	Schnellere Produktinformation (Z → K / Q), Schnellere Problemidentifikation durch produktbezogene FAQs u. Servicedokumentation (Z → K / Q); Schnellere Identifikation von Ersatzteilen u.Ä. (Z → K / Q)	Höhere Servicequalität (Q → U); Weniger Reklamationen (Q → K / U)	Weniger Reklamationen (Q → K / U); Selfservice des Kunden (K, Q → U); integrierte Produktinformationsbasis (Q → U); Weniger Aufwand für Datenrecherche (Z → K)	Zeit- und ortsunabhängige Serviceleistung durch integrierte Produktinformationsbasis (Q → U)	Erfüllung von Konsumentenschutzbestimmungen (z.B: Rückruf) (Q → K / U)	Unterstützung für RemoteKonfiguration und Remote-Wartung (Z → K, Q → U)
Logistik	Elektronischer Datenaustausch → weniger Fehler in Kooperationsabläufen → Outsourcing (Q / Z → K)		Weniger Fehllieferungen (K)	Weniger Fehllieferungen (K), Bessere Transportplanung durch genauere Transportinformationen (z.B. Größe) (K); Weniger Aufwand für Datenrecherche (Z → K)		Erleichtertes Handling von Transportbedingungen / -restriktionen (Q → K / U)	Unterstützung für RFID Anwendung (Z / Q → K)
IT	Geringerer Aufwand für Datenaustausch → Outsourcing (Z → K)	Geringerer Aufwand für Datenpflege (Z → K); Weniger Rückfragen zu Daten (Z → K); Konsolidierung der Systemlandschaft (Z → K)		Online-Bereitstellung von Produktinformationen (Q → K / U)			Schnellere Integration übernommener Unternehmen (Z → K)

Abbildung 17: Framework für die Nutzenargumentation des PIM

[Quelle: Eigene Darstellung in Anlehnung an (Osl und Otto 2007, S. 42-43)]

Anhang C

Umfrage zu Produkt-
Informations-
Management
Systemen

Sehr geehrte Teilnehmerinnen, sehr geehrte Teilnehmer*,

im Rahmen meiner Bachelorarbeit zum Thema Produktinformationsmanagement Systeme (PIMS)
erfrage ich die Zufriedenheit der Unternehmen, die bereits ein PIMS nutzen.

Egal ob Ihr System sich als "CMS mit Publikationsfunktionen etc." oder als "PIMS" tituliert, es ist beide das Gleiche.

Um repräsentative Ergebnisse erzielen zu können, benötige ich Ihre Unterstützung!
Auf dem wissenschaftlichen Gebiet zu PIMS gibt es kaum vorbeisware Studien.
Helfen Sie mit für mehr Transparenz am Markt zu sorgen, die Vorteile werden Allen von Nutzen sein!

Was ist Ihr Vorteil bei einer Teilnahme?
Auf Wunsch lasse ich Ihnen die Ergebnisse dieser wissenschaftlichen, neutralen und unabhängigen Umfrage nach Abschluss der Auswertung gerne zukommen.
Ein Formular hierfür finden Sie am Ende des Fragebogens.

Die Auswertung des Fragebogens erfolgt selbstverständlich anonym.
Es lässt sich im Nachhinein auch kein Rückschluss auf Sie rekonstruieren.
Sollten Sie sich in einer Aussage nicht wiederfinden, kreuzen Sie bitte die Ausprägung an, die am ehesten zutrifft.

Vielen Dank für Ihre Unterstützung!

Freundliche Grüße

Michael Tretter
Student der FAU Erlangen-Nürnberg

*Die nachfolgend verwendete männliche Form bezieht selbstverständlich die weibliche Form mit ein. Auf die Verwendung beider Geschlechtsformen wird lediglich mit
Blick auf die bessere Lesbarkeit des Textes verzichtet.

WISSENSCHAFTLICH | NEUTRAL | UNABHÄNGIG

Weiter

 Lehrstuhl Wirtschaftsinformatik II

Abbildung 18: Umfragebogen Seite 1

Umfrage zu Produkt-
Informations-
Management
Systemen

Frage 1: In welcher Branche ist ihr Unternehmen tätig?

☐ Banken, Finanzen, Versicherungen ☐ Medien (Print, Film, Funk, TV), Verlag, Druck ☐ Sonstige Dienstleistungen

☐ Gastronomie, Hotel und Touristik ☐ Personaldienstleistungen, Arbeitsvermittlung ☐ Sonstige Produktion

☐ Handel, Vertrieb ☐ Werbung, Marketing und PR ☐ Sonstige Branche

☐ Internet, Multimedia

Frage 2: Wie viele Mitarbeiter sind in ihrem Unternehmen beschäftigt?

○ 1 - 10

○ 11 - 100

○ 101 - 1.000

○ 1.001 - 5.000

○ 5.001 - 10.000

○ 10.001 oder mehr

Frage 3: Wo und wie ist ihr Unternehmen aktiv?

	Einsteiger	Etabliert / Mittelfeld	Marktführer / Top Platzierung	Nicht aktiv
Deutschsprachiger Raum (DE, AU, CH)	○	○	○	○
Europa	○	○	○	○
Afrika	○	○	○	○
Asien	○	○	○	○
Australien	○	○	○	○
Nord-Amerika	○	○	○	○
Süd-Amerika	○	○	○	○

Frage 4: Welchen der folgenden Medienkanäle benutzten Sie für Publikationen?

☐ Print (Kataloge, Prospekte, ...)

☐ Online (E-Commerce, Social Media, ...)

☐ Mobile (M-Commerce, Social Media, ...)

☐ Digital (DVD-Katalog, XML Datei, ...)

☐ Data Exchange Channel (Vertriebskommunikation, ...)

☐ Weiß ich nicht

Frage 5: Bitte machen Sie noch eine Angabe zu Ihrer Position

- ▼
Mitarbeiter
Mitarbeiter in leitender Funktion
Führungskraft
Abteilungsleiter
Geschäftsführung
Inhaber
Keine Angabe

Frage 6: Sind Sie in Ihrer Firma als IT Experte beschäftigt?

- ▼
Ja
Ja, als Nebenaufgabe
Nein
Keine Angabe

Zurück   Weiter

FAU FRIEDRICH-ALEXANDER UNIVERSITÄT ERLANGEN-NÜRNBERG

WI² Lehrstuhl Wirtschaftsinformatik II

Abbildung 19: Umfragebogen Seite 2

Abbildung 20: Umfragebogen Seite 3

Umfrage zu Produkt-
Informations-
Management
Systemen

Auf den folgenden Seiten werden ihre **Einschätzung** und **Erfahrungen** abgefragt.

Erst wird nach Ihrer Einschätzung der genannten Vorteile gefragt,
anschließend wird nach konkreten Erfahrungen oder Kennzahlen aus Ihrem Unternehmen gefragt

(z.B. als Erfahrungen (hier negativ): "Schnellere Änderungsprozesse sind bei uns nicht bemerkbar"
oder mit Kennzahlen (hier positiv): "Einsparungen durch automatische Produkterstellung von 50.000 Euro im Jahr")

Je mehr Sie quantitativ belegen können, desto aussagekräftiger wird die Umfrage.

Ich Danke Ihnen für Ihre Unterstützung!

Zurück   Weiter

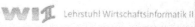

Abbildung 21: Umfragebogen Seite 4

Umfrage zu Produkt-
 Informations-
 Management
 Systemen

Der Kostenersparnisaspekt

Bitte bewerten Sie die genannten Vorteile im Bereich Kosten:

Frage 15: "Das eingesetzte PIM-System ermöglicht Ihrem Unternehmen..."

	trifft voll und ganz zu	trifft eher zu	trifft eher nicht zu	trifft gar nicht zu	keine Erfahrung	keine Angabe
Eine kostengünstige und medienübergreifende Mehrfachnutzung der Daten.	○	○	○	○	○	○
Eine erhebliche Reduzierung von Übersetzungskosten.	○	○	○	○	○	○
Eine Reduzierung von Fehlern und Folgekosten	○	○	○	○	○	○
Effizientere und kostengünstigere Kommunikationsprozesse	○	○	○	○	○	○
Eine Kostenreduktion bei Printkatalogen.	○	○	○	○	○	○
Dass die Verwaltung für Daten im Internet nahezu komplett weg fällt und somit Kosten erspart	○	○	○	○	○	○

Frage 16: FALLS Sie dazu etwas sagen können:
Haben Sie konkrete Beispiele oder Zahlen die Sie nennen können?
z.B. Übersetzungskosten um 60% gesunken im 1. Halbjahr 2012

Eine kostengünstige und medienübergreifende
Mehrfachnutzung der Daten.

Eine erhebliche Reduzierung von
Übersetzungskosten.

Eine Reduzierung von Fehlern und
Folgekosten.

Effizientere und kostengünstigere
Kommunikationsprozesse.

Eine Kostenreduktion bei Printkatalogen.

Dass die Verwaltung für Daten im Internet
nahezu komplett weg fällt und somit Kosten
erspart.

Zurück   Weiter

FRIEDRICH-ALEXANDER
UNIVERSITÄT
ERLANGEN-NÜRNBERG

WI² Lehrstuhl Wirtschaftsinformatik II

Abbildung 22: Umfragebogen Seite 5

Umfrage zu Produkt-
        Informations-
        Management
        Systemen

Der Qualitätsaspekt

Bitte bewerten Sie die genannten Vorteile im Bereich Qualität:

Frage 17: "Das eingesetzte PIM-System ermöglicht Ihrem Unternehmen..."

	trifft voll und ganz zu	trifft eher zu	trifft eher nicht zu	trifft gar nicht zu	keine Erfahrung	keine Angabe
Eine verbesserte Qualität in der Kundenberatung.	○	○	○	○	○	○
Eine konsequente Trennung von Struktur und Layout.	○	○	○	○	○	○
Eine schnellere Reaktionszeit auf Kundenanfragen.	○	○	○	○	○	○
Eine Automatisierung und Einsparung von Prozessen und somit signifikanter Entlastung der Mitarbeiter.	○	○	○	○	○	○
Eine höhere Transparenz der Prozesse.	○	○	○	○	○	○
Eine effiziente Medienverwaltung: Zentrale Verwaltung der gesamten Medienbeständen.	○	○	○	○	○	○
Eine standardisierte Kommunikation in der Supply Chain.	○	○	○	○	○	○
Eine medienübergreifende Datenhaltung der gesamten Produktdaten.	○	○	○	○	○	○
Eine Effiziente Datenverwaltung: Single-Source-Publishing (Nutzung für alle Publikationen).	○	○	○	○	○	○
Einfachere Kommunikationsprozesse: Informationen individuell für verschiedene Zielgruppen oder Medien aufbereiten.	○	○	○	○	○	○

Frage 18: FALLS Sie dazu etwas sagen können:
Haben Sie konkrete Beispiele oder Zahlen die Sie nennen können?
z.B.: Erhöhte Kundenzufriedenheit durch bessere Kundenberatung - Die Kunden bestellen nun öfters sofort statt verzögert.

Eine verbesserte Qualität in der Kundenberatung.

Eine konsequente Trennung von Struktur und Layout.

Eine schnellere Reaktionszeit auf Kundenanfragen.

Eine Automatisierung und Einsparung von Prozessen und somit signifikanter Entlastung der Mitarbeiter.

Eine höhere Transparenz der Prozesse.

Eine effiziente Medienverwaltung: Zentrale Verwaltung der gesamten Medienbeständen.

Eine standardisierte Kommunikation in der Supply Chain.

Eine medienübergreifende Datenhaltung der gesamten Produktdaten.

Eine Effiziente Datenverwaltung: Single-Source-Publishing (Nutzung für alle Publikationen).

Einfachere Kommunikationsprozesse: Informationen individuell für verschiedene Zielgruppen oder Medien aufbereiten.

Zurück   Weiter

 Lehrstuhl Wirtschaftsinformatik II

Abbildung 23: Umfragebogen Seite 6

Umfrage zu Produkt-
Informations-
Management
Systemen

Der Umsatzaspekt

Bitte bewerten Sie die genannten Vorteile im Bereich Umsatz:

Frage 19: "Das eingesetzte PIM-System ermöglicht Ihrem Unternehmen..."

	trifft voll und ganz zu	trifft eher zu	trifft eher nicht zu	trifft gar nicht zu	keine Erfahrung	keine Angabe
Mehr Umsatz durch „Cross-Selling".	○	○	○	○	○	○
Höhere Margen dank einer möglichen „Longtail"-Strategie.	○	○	○	○	○	○
Imagegewinn durch schnelle internationale Präsenz im Internet.	○	○	○	○	○	○
Einen Wettbewerbsvorteil und Umsatzplus durch Kataloge in mehreren Sprachvarianten und somit einer Eroberung neuer Märkte.	○	○	○	○	○	○
Eine erhöhte Kundenzufriedenheit und eine bessere Kundenbindung.	○	○	○	○	○	○
Einen kürzeren Produkterstellungsprozess: kürzere Einführungszeiten neuer Produkte und somit ein schnelleres „Time-To-Market".	○	○	○	○	○	○
Eine agile Produktkommunikation auf allen Kanälen: Zusammenführen der einzelnen Medien und Interaktionen mit zusätzlichen Informationsangeboten.	○	○	○	○	○	○

Frage 20: FALLS Sie dazu etwas sagen können:
Haben Sie konkrete Beispiele oder Zahlen die Sie nennen können?
z.B.: Margenerhöhung um 10% im vergangenen Geschäftsjahr

Mehr Umsatz durch „Cross-Selling". _____

Höhere Margen dank einer möglichen „Longtail"-Strategie. _____

Imagegewinn durch schnelle internationale Präsenz im Internet. _____

Einen Wettbewerbsvorteil und Umsatzplus durch Kataloge in mehreren Sprachvarianten und somit einer Eroberung neuer Märkte. _____

Eine erhöhte Kundenzufriedenheit und eine bessere Kundenbindung. _____

Einen kürzeren Produkterstellungsprozess: kürzere Einführungszeiten neuer Produkte und somit ein schnelleres „Time-To-Market". _____

Eine agile Produktkommunikation auf allen Kanälen: Zusammenführen der einzelnen Medien und Interaktionen mit zusätzlichen Informationsangeboten. _____

Frage 21: Basierten nun Ihre Aussagen im Bezug auf die Wirtschaftlichkeit von PIMS überwiegend eher auf vorlegbaren Kennzahlen oder auf Ihren fundierten Einschätzungen, das heißt subjektive Einschätzung aber ohne Quantifizierung?

☐ Überwiegend nachweisbare Kennzahlen

☐ Überwiegend subjektive Einschätzung

☐ Keine Angabe

Zurück   Weiter

FAU FRIEDRICH-ALEXANDER UNIVERSITÄT ERLANGEN-NÜRNBERG

WI2 Lehrstuhl Wirtschaftsinformatik II

Abbildung 24: Umfragebogen Seite 7

Umfrage zu Produkt-
  Informations-
  Management
  Systemen

Frage 22: Wie zufrieden sind Sie mit Ihrer PIM-System insgesamt?

	Sehr zufrieden	Eher Zufrieden	Eher nicht zufrieden	Überhaupt nicht zufrieden	keine Erfahrung	keine Angabe
Datenmanagement Allgemein (Zentrale Datenspeicherung und Nutzung für alle Prozesse)	○	○	○	○	○	○
Übersetzungstools	○	○	○	○	○	○
Steuerung der Software (Workflows, Planung, etc.)	○	○	○	○	○	○
Print Output (Kataloge, Prospekte, etc.)	○	○	○	○	○	○
Online Output (E-Commerce, Social Media, etc.)	○	○	○	○	○	○
Mobile Output (M-Commerce, Social Media, etc.)	○	○	○	○	○	○

Zurück   Weiter

 Lehrstuhl Wirtschaftsinformatik II

Abbildung 25: Umfragebogen Seite 8

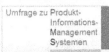

Vielen Dank für Ihre Unterstützung!

Auf Wunsch lasse ich Ihnen die Ergebnisse der Umfrage nach Abschluss der Auswertung gerne zukommen.

Tragen Sie hierfür einfach Ihre E-Mail Adresse ein!

(Dieses Vorgehen dient der Wahrung der Anonymität dieser Umfrage)

Freundliche Grüße

Michael Tretter
Student der FAU Erlangen-Nürnberg

Kontakt:
Für Rückfragen und nähere Informationen stehe ich Ihnen gerne per Email zur Verfügung (michael.tretter@wiso.stud.uni-erlangen.de).

Abbildung 26: Umfragebogen Seite 9

Anhang D

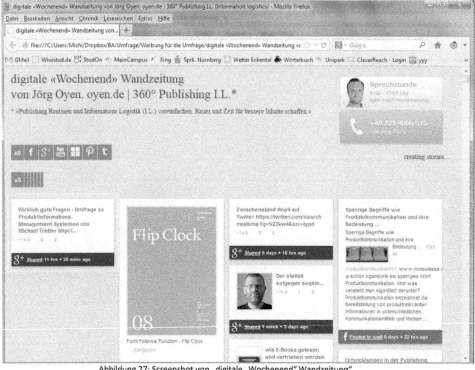

Abbildung 27: Screenshot von „digitale „Wochenend" Wandzeitung"

[Quelle: http://myoyen.net/, Abruf am 2013-01-30]

Abbildung 28: Screenshot von „Publishing Events"

[Quelle: http://publishing-events.com/, Abruf am 2013-01-30]

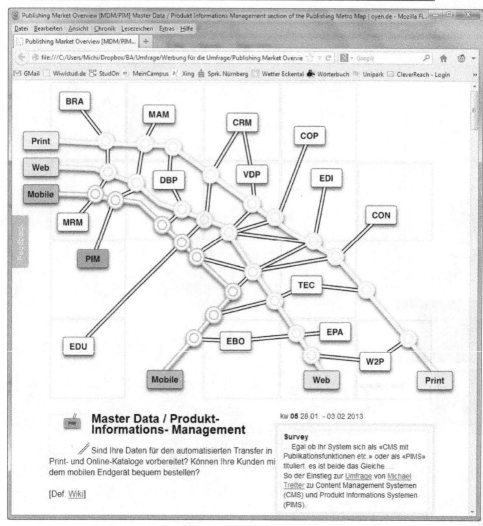

Abbildung 29: Screenshot von „Publishing Market Overview Master Data"

Quelle: http://publishing-metro-map.com/, Abruf am 2013-01-30]

Anhang E

Abbildung 30: Kreuztabelle: Handel mit Mehrfachnutzung der Daten

			Eine kostengünstige und medienübergreifende Mehrfachnutzung der Daten.						
			0	trifft voll und ganz zu	trifft eher zu	trifft eher nicht zu	trifft gar nicht zu	keine Erfahrung	Gesamt
Handel, Vertrieb	not quoted	Anzahl	1	3	6	3	1	1	15
		Erwartete Anzahl	,5	2,6	7,2	2,6	,5	1,6	15,0
		% innerhalb von Handel, Vertrieb	6,7%	20,0%	40,0%	20,0%	6,7%	6,7%	100,0%
		% innerhalb von Eine kostengünstige und medienübergreifende Mehrfachnutzung der Daten.	100,0%	60,0%	42,9%	60,0%	100,0%	33,3%	51,7%
	quoted	Anzahl	0	2	8	2	0	2	14
		Erwartete Anzahl	,5	2,4	6,8	2,4	,5	1,4	14,0
		% innerhalb von Handel, Vertrieb	0,0%	14,3%	57,1%	14,3%	0,0%	14,3%	100,0%
		% innerhalb von Eine kostengünstige und medienübergreifende Mehrfachnutzung der Daten.	0,0%	40,0%	57,1%	40,0%	0,0%	66,7%	48,3%
Gesamt		Anzahl	1	5	14	5	1	3	29
		Erwartete Anzahl	1,0	5,0	14,0	5,0	1,0	3,0	29,0
		% innerhalb von Handel, Vertrieb	3,4%	17,2%	48,3%	17,2%	3,4%	10,3%	100,0%
		% innerhalb von Eine kostengünstige und medienübergreifende Mehrfachnutzung der Daten.	100,0%	100,0%	100,0%	100,0%	100,0%	100,0%	100,0%

Abbildung 30: Kreuztabelle: Handel mit Mehrfachnutzung der Daten

[Quelle: IBM SPSS]

			Eine standardisierte Kommunikation in der Supply Chain.						
			0	trifft voll und ganz zu	trifft eher zu	trifft eher nicht zu	trifft gar nicht zu	keine Erfahrung	Gesamt
Handel, Vertrieb	not quoted	Anzahl	1	0	3	0	4	3	11
		Erwartete Anzahl	1,4	,5	2,4	2,4	1,9	2,4	11,0
		% innerhalb von Handel, Vertrieb	9,1%	0,0%	27,3%	0,0%	36,4%	27,3%	100,0%
		% innerhalb von Eine standardisierte Kommunikation in der Supply Chain.	33,3%	0,0%	60,0%	0,0%	100,0%	60,0%	47,8%
	quoted	Anzahl	2	1	2	5	0	2	12
		Erwartete Anzahl	1,6	,5	2,6	2,6	2,1	2,6	12,0
		% innerhalb von Handel, Vertrieb	16,7%	8,3%	16,7%	41,7%	0,0%	16,7%	100,0%
		% innerhalb von Eine standardisierte Kommunikation in der Supply Chain.	66,7%	100,0%	40,0%	100,0%	0,0%	40,0%	52,2%
Gesamt		Anzahl	3	1	5	5	4	5	23
		Erwartete Anzahl	3,0	1,0	5,0	5,0	4,0	5,0	23,0
		% innerhalb von Handel, Vertrieb	13,0%	4,3%	21,7%	21,7%	17,4%	21,7%	100,0%
		% innerhalb von Eine standardisierte Kommunikation in der Supply Chain.	100,0%	100,0%	100,0%	100,0%	100,0%	100,0%	100,0%

Abbildung 31: Kreuztabelle: Handel mit Standardisierte Kommunikation in der Supply Chain

[Quelle: IBM SPSS]

			Überwiegend subjektive Einschätzung		Gesamt
			not quoted	quoted	
Handel, Vertrieb	not quoted	Anzahl	4	9	13
		Erwartete Anzahl	3,0	10,0	13,0
		% innerhalb von Handel, Vertrieb	30,8%	69,2%	100,0%
		% innerhalb von Überwiegend subjektive Einschätzung	66,7%	45,0%	50,0%
	quoted	Anzahl	2	11	13
		Erwartete Anzahl	3,0	10,0	13,0
		% innerhalb von Handel, Vertrieb	15,4%	84,6%	100,0%
		% innerhalb von Überwiegend subjektive Einschätzung	33,3%	55,0%	50,0%
Gesamt		Anzahl	6	20	26
		Erwartete Anzahl	6,0	20,0	26,0
		% innerhalb von Handel, Vertrieb	23,1%	76,9%	100,0%
		% innerhalb von Überwiegend subjektive Einschätzung	100,0%	100,0%	100,0%

Abbildung 32: Kreuztabelle: Handel mit Überwiegend subjektive Einschätzung

[Quelle: IBM SPSS]

			Überwiegend subjektive Einschätzung		
			not quoted	quoted	Gesamt
Sonstige Produktion	not quoted	Anzahl	3	14	17
		Erwartete Anzahl	3,9	13,1	17,0
		% innerhalb von Sonstige Produktion	17,6%	82,4%	100,0%
		% innerhalb von Überwiegend subjektive Einschätzung	50,0%	70,0%	65,4%
	quoted	Anzahl	3	6	9
		Erwartete Anzahl	2,1	6,9	9,0
		% innerhalb von Sonstige Produktion	33,3%	66,7%	100,0%
		% innerhalb von Überwiegend subjektive Einschätzung	50,0%	30,0%	34,6%
Gesamt		Anzahl	6	20	26
		Erwartete Anzahl	6,0	20,0	26,0
		% innerhalb von Sonstige Produktion	23,1%	76,9%	100,0%
		% innerhalb von Überwiegend subjektive Einschätzung	100,0%	100,0%	100,0%

Abbildung 33: Kreuztabelle: Produktion mit Überwiegend subjektive Einschätzung

[Quelle: IBM SPSS]

			Einen kürzeren Produkterstellungsprozess: kürzere Einführungszeiten neuer Produkte und somit ein schnelleres "Time-To-Market".					
			0	trifft voll und ganz zu	trifft eher zu	trifft eher nicht zu	trifft gar nicht zu	keine Erfahrung	Gesamt
Handel, Vertrieb	not quoted	Anzahl	1	4	1	0	3	3	12
		Erwartete Anzahl	1,0	2,9	1,4	1,9	2,4	2,4	12,0
		% innerhalb von Handel, Vertrieb	8,3%	33,3%	8,3%	0,0%	25,0%	25,0%	100,0%
		% innerhalb von Einen kürzeren Produkterstellungsprozess: kürzere Einführungszeiten neuer Produkte und somit ein schnelleres "Time-To-Market".	50,0%	66,7%	33,3%	0,0%	60,0%	60,0%	48,0%
	quoted	Anzahl	1	2	2	4	2	2	13
		Erwartete Anzahl	1,0	3,1	1,6	2,1	2,6	2,6	13,0
		% innerhalb von Handel, Vertrieb	7,7%	15,4%	15,4%	30,8%	15,4%	15,4%	100,0%
		% innerhalb von Einen kürzeren Produkterstellungsprozess: kürzere Einführungszeiten neuer Produkte und somit ein schnelleres "Time-To-Market".	50,0%	33,3%	66,7%	100,0%	40,0%	40,0%	52,0%
Gesamt		Anzahl	2	6	3	4	5	5	25
		Erwartete Anzahl	2,0	6,0	3,0	4,0	5,0	5,0	25,0
		% innerhalb von Handel, Vertrieb	8,0%	24,0%	12,0%	16,0%	20,0%	20,0%	100,0%
		% innerhalb von Einen kürzeren Produkterstellungsprozess: kürzere Einführungszeiten neuer Produkte und somit ein schnelleres "Time-To-Market".	100,0%	100,0%	100,0%	100,0%	100,0%	100,0%	100,0%

Abbildung 34: Kreuztabelle: Handel mit Eine schnellere Time-To-Market

[Quelle: IBM SPSS]

			Eine erhebliche Reduzierung von Übersetzungskosten.					
			0	trifft voll und ganz zu	trifft eher zu	trifft eher nicht zu	trifft gar nicht zu	keine Erfahrung	Gesamt
Handel, Vertrieb	not quoted	Anzahl	1	3	4	2	3	2	15
		Erwartete Anzahl	,5	3,2	2,1	3,2	3,2	2,7	15,0
		% innerhalb von Handel, Vertrieb	6,7%	20,0%	26,7%	13,3%	20,0%	13,3%	100,0%
		% innerhalb von Eine erhebliche Reduzierung von Übersetzungskosten.	100,0%	50,0%	100,0%	33,3%	50,0%	40,0%	53,6%
	quoted	Anzahl	0	3	0	4	3	3	13
		Erwartete Anzahl	,5	2,8	1,9	2,8	2,8	2,3	13,0
		% innerhalb von Handel, Vertrieb	0,0%	23,1%	0,0%	30,8%	23,1%	23,1%	100,0%
		% innerhalb von Eine erhebliche Reduzierung von Übersetzungskosten.	0,0%	50,0%	0,0%	66,7%	50,0%	60,0%	46,4%
Gesamt		Anzahl	1	6	4	6	6	5	28
		Erwartete Anzahl	1,0	6,0	4,0	6,0	6,0	5,0	28,0
		% innerhalb von Handel, Vertrieb	3,6%	21,4%	14,3%	21,4%	21,4%	17,9%	100,0%
		% innerhalb von Eine erhebliche Reduzierung von Übersetzungskosten.	100,0%	100,0%	100,0%	100,0%	100,0%	100,0%	100,0%

Abbildung 35: Kreuztabelle: Handel mit Eine Reduzierung von Übersetzungskosten

[Quelle: IBM SPSS]